Die Suppen-Bar

Sara Lewis

LOVE FOOD

This edition published by Parragon Books Ltd

Parragon Books Ltd
Chartist House
15–17 Trim Street
Bath BA1 1HA, UK
www.parragon.com

Projektmanagement: Kerry Starr
Neue Rezepte und Food Styling: Sara Lewis
Neue Fotografien: Haraala Hamilton
Nährwertangaben: Judith Wills

Realisation der deutschen Ausgabe:
trans texas publishing services GmbH, Köln
Übersetzung: Wiebke Krabbe, u. a.
Redaktion und Satz: lesezeichen Verlagsdienste, Köln

ISBN 978-1-4748-1224-5
Printed in China

HINWEIS
Sind Zutaten in Löffeln angegeben, ist immer ein gestrichener Löffel gemeint: Ein Teelöffel entspricht 5 ml, ein Esslöffel 15 ml. Sofern nicht anders angegeben, wird Vollmilch (3,5 % Fett) verwendet. Eier und einzelne Gemüsestücke sind von mittlerer Größe. Pfeffer wird grundsätzlich frisch gemahlen verwendet. Wurzelgemüse sollte vor der Weiterverarbeitung geschält werden.
Garnierungen, Dekorationen und Serviervorschläge sind kein fester Bestandteil der Rezepte und daher nicht unbedingt in der Zutatenliste oder Zubereitung aufgeführt. Die angegebenen Zeiten können von den tatsächlichen abweichen, da je nach Zubereitungsmethode und vorhandenem Herdtyp Schwankungen auftreten.
Kinder, ältere Menschen, Schwangere, Kranke und Rekonvaleszenten sollten auf Gerichte mit rohen oder nur leicht gegarten Eiern verzichten. Schwangere und stillende Frauen sollten den Verzehr von Erdnüssen oder erdnusshaltigen Zubereitungen vermeiden. Allergiker sollten bedenken, dass in allen in diesem Buch verwendeten Fertigprodukten Spuren von Nüssen enthalten sein könnten. Bitte lesen Sie in jedem Fall zuvor die Verpackungsangaben.

In der Suppenküche

Suppen liegen wieder im Trend und schicken sich an, Säfte auf der Beliebtheitsskala zu überholen. Sie sind gesund, fettarm, liefern Energie und bringen mit Vitaminen und Mineralstoffen das Immunsystem auf Schwung. Viele Menschen haben aber zu allen Zeiten gern Suppen gegessen oder erinnern sich an Lieblingssuppen aus der Kindheit. Tatsächlich kann eine warme Suppe beim Arbeiten, beim Lernen oder nach einem langen Tag neuen Schwung geben und richtig guttun.

Unsere Mütter und Großmütter wussten, dass Suppen dabei helfen, auch in schlechten Zeiten mit dem Haushaltsgeld auszukommen. Klare Brühe gilt als gesund und soll Rekonvaleszenz fördern. In Amerika wird klare Brühe neuerdings gestressten Büroangestellten als koffeinfreie und gesunde Alternative zu Tee und Kaffee empfohlen.

Suppen lassen sich fast unendlich variieren: von leuchtend bunten, fein pürierten oder passierten Gemüsecremes über deftige, sättigende Eintöpfe mit Hülsenfrüchten und Fleisch und leichte Süppchen mit frischem Gemüse bis zu Detoxspezialitäten. Alle sind mit frischen Zutaten aus einheimischem Anbau schnell und einfach nachzukochen.

Knochenbrühe im Trend

Seit Jahrhunderten bereitet man in aller Welt aus Rinder-, Kalbs- oder Hühnerknochen, die mit Kräutern und Gewürzen auf kleiner Flamme gekocht und dann durchgesiebt werden, aromatische Brühen zu. Klare Brühe enthält Mineralien, die für den menschlichen Knochenaufbau wichtig sind, sowie Vitamine und Collagen. Seit Generationen geht man davon aus, dass sie die Heilung fördert, entzündungshemmend wirkt, das Immunsystem stärkt und die Verdauung anregt. Sie enthält die Stoffe Glucosamin und Chondroitin, die viele Menschen gegen Gelenkschmerzen einnehmen und wird auch von Anhängern der Paleodiät geschätzt.

Suppe – supergesund!

Natürlich weiß jeder, dass wir viel Gemüse und Vollkornprodukte essen und Fett, Zucker und Salz sparen sollten. Aber das ist nicht immer leicht umzusetzen. Ein Topf Suppe ist eine einfache Lösung, denn sie gart auf kleiner Flamme, während Sie noch etwas anderes erledigen. In ein Schälchen füllen, ein Stück frisches Vollkornbrot abschneiden – fertig ist eine vollwertige Mahlzeit mit viel Gemüse, die jede Menge Energie und Proteine liefert. Je öfter Sie gesunde Suppen essen, desto seltener müssen Sie zu Fast Food greifen. Reste können am nächsten Tag schnell aufgewärmt oder für später eingefroren werden.

Das Geheimnis gesunder Ernährung ist Abwechslung. Mit einer Vielzahl verschiedener, möglicher Suppenzutaten ist es leicht, genügend Vitamine, Mineralstoffe, Proteine, komplexe Kohlenhydrate und gesunde Fette für Energiehaushalt und Wachstum, Heilung, Immunsystem und wichtige Stoffwechselvorgänge zu sich zu nehmen.

Je bunter die Gemüsevielfalt, desto besser. Die Antioxidantien und Phytowirkstoffe im Gemüse stärken das Immunsystem und sollen sogar Krebs vorbeugen. Ihre Ballaststoffe senken den Cholesterinspiegel, und weil Gemüse meist kalorienarm ist, können die Portionen ruhig groß sein.

Fermentiertes Gemüse, wie koreanischer Kimchi, findet immer mehr Anhänger, weil es die Verdau-

ung anregt und die Entwicklung einer gesunden Darmflora fördern soll. Letztere ist wichtig für die Aufnahme essenzieller Nährstoffe, ist aber bei vielen Bewohnern der westlichen Welt durch zu viel Zucker und Fast Food aus dem Gleichgewicht geraten. Die Anzahl nützlicher Bakterien im Verdauungstrakt nimmt mit dem Alter naturgemäß ab und kann auch durch Krankheiten reduziert werden. Da genügen schon wenige Löffel solch fermentierter Gemüsesorten, um die Darmflora zu unterstützen. Aus Asien kommen auch fermentiertes Blattgemüse, Rettich, Karotten, Lauch und Ingwer. Mit natürlicher Milchsäuregärung produziertes Sauerkraut ist das europäische Gegenstück. In China, Japan und Korea schätzt man auch fermentierte schwarze Sojabohnen sowie Miso aus Sojabohnen und Getreide.

Komplexe Kohlenhydrate aus Naturreis, heimischem Vollkorngetreide sowie aus Hülsenfrüchten (getrocknet ebenso wie aus der Dose) sättigen gut, liefern Energie und Ballaststoffe und sind, weil sie den Cholesterinspiegel senken, gut für das Herz.

Nüsse und Samen steuern Proteine bei. Ein Sonderfall ist Quinoa, das einzige pflanzliche Lebensmittel, das alle acht essenziellen Aminosäuren enthält. Nüsse und Samen sind zwar kalorienreich, enthalten aber wertvolle Mineralstoffe und teilweise die wichtigen Omega-3- und Omega-6-Fettsäuren. Gemahlene Nüsse eignen sich zum Andicken von Suppen, ganze und gehackte, leicht geröstet, zum Garnieren.

Sparen Sie an Sahne und Butter. Probieren Sie lieber ungesüßte Nussmilch, fettarmen Naturjoghurt oder Frischkäse als sahnige, aber kalorienreduzierte Alternative. Um dem Gemüse mehr Geschmack zu verleihen, können Sie es kurz in nativem Olivenöl oder Reiskleieöl – statt in Butter – anschwitzen.

Auch die Fleisch- oder Fischmengen können reduziert werden, ohne dass der Geschmack der Suppe leidet. 80 g Fleisch wäre für ein normales Hauptgericht viel zu wenig, aber für eine Portion Suppe genügt diese Menge vollkommen.

Beste Basis

Das Geheimnis jeder guten Suppe ist die Brühe. Sie sollte sehr aromatisch sein und – mit Ausnahme von Gemüsebrühe – viel Gelatine enthalten. Schlechte Brühe kann trotz guten Gemüses eine fade Suppe ergeben. Es kostet nur Minuten, eine Brühe anzusetzen. Danach braucht sie nur zu köcheln. Fleischbrühe ist preiswert, weil sie aus Knochen und anderen „Abfällen" zubereitet wird. Werfen Sie die Karkasse eines Brathähnchens nicht weg, sondern lassen Sie es mit Gemüse und Kräutern eine Weile köcheln. Durchsieben, und fertig ist eine preiswerte, leckere Suppengrundlage. Das gilt natürlich auch für die Karkassen anderer Geflügelarten.

Für Rinderbrühe kaufen Sie einige Markknochen, die Sie mit Zwiebeln, Karotten und vielleicht einem Löffel braunem Zucker im Backofen rösten. Dann in einen großen Topf mit Wasser geben und köcheln. Aus Lammknochen gekochte Brühe hat einen sehr intensiven Geschmack und eignet sich am besten für deftige Eintöpfe mit Wurzelgemüse und Getreide. Wenn Sie Brühe aus Schinkenknochen kochen, geben Sie kein Salz dazu, weil der Schinken bereits recht salzig ist. Schinkenbrühe eignet sich hervorragend für Erbsensuppe und gesunde Suppen mit Getreide.

Welches Gemüse?

Brühe wird traditionell mit Zwiebeln, Sellerie und Karotten gekocht. Entfernen Sie nur die äußere, trockene Schicht der Zwiebel. Die innere braune Schicht wird mitgekocht und gibt der Brühe Farbe und Aroma. Verwenden Sie von Stangensellerie vor allem den Blattschopf und die faserigen, unteren Enden. Die zarten Stangen genießen Sie lieber in

Salaten oder zu Dips. Der dunkle Teil von Porreestangen ist eine gute Würze für Brühe, Fenchel mit Grün verleiht ihr ein feines Anisaroma und Karotten liefern Geschmack und Farbe. Rüben sollten Sie nicht verwenden, weil sie bei längerem Köcheln etwas bitter werden können.

Würzige Kräuter

Zu Rinder- oder Hühnerbrühe passen Kräuter wie Rosmarin oder Salbei, Thymian, Petersilie und Lorbeerblätter. Fischbrühe bekommt durch Estragon, Fenchel, Schnittlauch oder Petersilie ein feines Aroma. Traditionell werden die Kräuter zusammengebunden und in die Brühe gehängt. Sie können sie auch lose mitkochen und nach dem Durchsieben entfernen. Wer keine frischen Kräuter hat, gibt getrocknete in einen Teefilter aus Papier.

Geduld!

Lassen Sie sich Zeit! Brühen auf Fleischbasis dürfen nicht sprudelnd kochen, sonst werden sie nach dem Abkühlen unappetitlich trübe. Das Gemüse im Topf mit Wasser bedecken, nochmals zwei Drittel der Wassermenge zugeben und langsam zum Kochen bringen. Dann den Deckel schräg auflegen und bei geringer Hitze köcheln. Rinderbrühe braucht 4-5 Stunden, Hühnerbrühe 1½-2 Stunden. Fischbrühe darf höchstens 30 Minuten köcheln, sonst kann sie bitter werden.

Frisch oder Würfel?

Brühe aus Würfeln oder Granulat gibt es in verschiedenen Geschmacksrichtungen, aber sie schmeckt niemals so gut wie selbst gekochte Brühe. Trotzdem ist es sinnvoll, Instantbrühe oder Bouillonkonzentrat („Bouillon pur“) für Notfälle im Schrank zu haben. Wählen Sie ein mildes, salzarmes Produkt, das sich geschmacklich nicht in den Vordergrund drängt. Bereiten Sie die Brühe immer nach Packungsanweisung zu und nehmen Sie im Zweifelsfall lieber etwas mehr Wasser als zu wenig.

Geschmacksprobe

Am Ende der Kochzeit sollte die Flüssigkeit etwa um ein Drittel reduziert sein. Gießen Sie etwas Brühe durch ein Sieb und probieren Sie sie. Schmeckt die Brühe wässrig-fade, lassen Sie sie noch eine Weile einkochen. Das ist besonders wichtig für Brühe ohne weitere Geschmackszutaten. Je länger die Kochzeit, desto intensiver wird das Aroma. Durch sehr langes Kochen kann die Brühe eine klebrig-zähe Konsistenz bekommen. Falls eine Brühe einmal zu stark reduziert wurde, kann sie mit etwas Wasser oder Wein wieder verdünnt werden.

Es empfiehlt sich, nicht die Brühe zu salzen, sondern erst später die fertige Suppe. Das Fett können Sie von der Oberfläche der durchgesiebten Brühe mit saugfähigem Küchenpapier entfernen oder gleich mit einem Fettabscheider. Alternativ lassen Sie die Suppe abkühlen und nehmen das erstarrte Fett mit einem Löffel ab. Wenn Fleisch- und Fischbrühe mehrere Stunden im Kühlschrank steht, dickt sie ein und kann eine geleeartige Konsistenz annehmen. Beim Erhitzen verflüssigt sich das wieder.

Brühe oder Fond?

Eine Brühe, die als Suppengrundlage dient, kann mit Knochen oder Gemüse zubereitet werden. Der französische Begriff dafür ist Fond, was übersetzt Grundlage bedeutet. Reduzierte, aromatische klare Brühe (Consommé auf Französisch) kann als eigenständiges Gericht serviert werden, auch mit klein gewürfeltem Fleisch oder Gemüse als Einlage.

Brühe klären

Wenn die fertige Brühe etwas trübe ist, schlagen Sie zwei Eiweiß in einer Schüssel schaumig. Die kalte Brühe in einen sauberen Topf gießen, aber den Bodensatz zurückhalten. Langsam erwärmen, dann das Eiweiß zugeben und bis an den Siedepunkt erhitzen. 5 Minuten köcheln und die Brühe durch ein mit Käseleinen ausgelegtes Sieb in eine Schüssel gießen. Das Eiweiß bindet die Schwebstoffe, sodass die fertige Brühe nach dem Sieben klar ist.

Gemüsebrühe

Ergibt ca. 850 ml   Vorbereitung: 10 Minuten   Garzeit: 55 Minuten

Sie können für dieses Rezept fast alle Gemüsesorten verwenden, die Sie im Haus haben. Nur stärkehaltige Sorten wie Kartoffeln, Rüben und Pastinaken sollten Sie vermeiden, weil sie die Brühe trübe machen.

- 1 EL Olivenöl
- 1 Zwiebel, geviertelt
- 2 Karotten, in Scheiben geschnitten
- 2 Selleriestangen, in dicke Scheiben geschnitten
- 1 Porreestange, in Ringe geschnitten
- 125 g Champignons, in Scheiben geschnitten
- 2 Tomaten, gewürfelt
- 1 Bouquet garni
- ½ TL schwarze Pfefferkörner

So wird's gemacht

Das Öl in einem Topf erhitzen. Zwiebel, Karotten, Sellerie und Porree darin bei niedriger Temperatur 5 Minuten weich dünsten. Pilze und Tomaten zugeben und 5 Minuten mitdünsten. Das Bouquet garni hineinlegen, die Pfefferkörner zufügen und 1,2 Liter kaltes Wasser zugießen. Bis an den Siedepunkt erhitzen.

Mit schräg aufliegendem Deckel 45 Minuten köcheln. Durch ein feines Sieb gießen und abkühlen lassen. 2 Tage im Kühlschrank aufbewahren oder bis zu 3 Monate einfrieren.

Hühnerbrühe

Ergibt ca. 850 ml   Vorbereitung: 10 Minuten   Garzeit: 1½–2 Stunden

Ganz einfach zu kochen und herrlich aromatisch!

- 1 kg gegarte Hühnerknochen (Karkasse) oder 1 kg rohe Hühnerflügel
- 1 Zwiebel, geviertelt
- 2 Selleriestangen, in dicke Scheiben geschnitten
- 2 Karotten, in dicke Scheiben geschnitten
- 1 Bouquet garni
- 1 TL schwarze Pfefferkörner

So wird's gemacht

Hühnerknochen oder -flügel mit Zwiebel, Sellerie und Karotten in einen Topf geben. Kräuter und Pfefferkörner zufügen, 1,4 Liter Wasser zugießen und bis an den Siedepunkt erhitzen.

Mit schräg aufliegendem Deckel 1½–2 Stunden köcheln, zwischendurch den Schaum abschöpfen.

Durch ein feines Sieb gießen. Abkühlen lassen, dann gut kühlen, bis die Brühe geliert. Das restliche Fett mit einem Fettabscheider, Löffel oder mit Küchenpapier entfernen. 2 Tage im Kühlschrank aufbewahren oder bis zu 3 Monate einfrieren.

Vorrat im Froster

Brühe kocht man nicht alle Tage. Wenn Sie schon dabei sind, kochen Sie gleich einen großen Topf und frieren Sie nach dem Abkühlen einen Teil in Gefrierdosen oder -beuteln ein. Sie können auch Eiswürfelformen verwenden und die gefrorenen Brühewürfel später in einen großen Beutel umfüllen. Vergessen Sie nicht, die Behältnisse genau zu beschriften. Brühe hält sich im Gefrierschrank 3 Monate und kann schnell in der Mikrowelle aufgetaut werden.

Einzeln eingefrorene Suppenportionen sind ein schnelles, gesundes Mittagessen und eignen sich auch gut zum Mitnehmen ins Büro. Zum Transport sicher verpacken, damit nichts auslaufen kann. Die Portionen in Plastikdosen oder Beuteln einfrieren und gut verschließen. Morgens aus dem Gefrierschrank nehmen und in der Mikrowelle auftauen. Im Büro gut durchwärmen, umrühren und genießen.

Feine Garnierungen

Darf es ein bisschen edler sein?

Ofen-Croûtons – Statt Brotwürfel in Butter zu braten, sprühen Sie sie mit etwas Olivenöl aus einer Sprühflasche ein. Nebeneinander auf einem Backblech verteilen. Mit fein gehacktem Rosmarin oder Knoblauch, einigen Fenchelsamen oder Chiliflocken bestreuen und bei 180 °C 10–15 Minuten backen. Zwischendurch einmal wenden. Sie können auch Fladenbrot vom Vortag würfeln, mit Olivenöl einsprühen und mit zerstoßenem Kreuzkümmel und Koriander würzen. Wie beschrieben backen.

Joghurtschnörkel – Statt auf cremige Suppen fette Sahne zu geben, setzen Sie auf jede Portion 1 Esslöffel fettarmen Naturjoghurt. Etwas Mango-Chutney oder milde Chilisauce daraufgeben und mit einem Teelöffelstiel Schnörkel ziehen.

Nüsse und Samen mit Sojaglasur – Eine Mischung aus Sesamsaat, Kürbiskernen und Cashewnüssen in wenig Sonnenblumenöl in der Pfanne kurz rösten. Mit salzarmer Sojasauce beträufeln, umrühren und vom Herd nehmen. Abkühlen lassen und auf die Suppe streuen. Reste der Nüsse in einem Schraubglas im Kühlschrank aufbewahren.

Würziger Frischkäse – Pro Portion 1 Esslöffel fettarmen Frischkäse mit abgeriebener Zitronenschale, Schnittlauchröllchen oder gehacktem Knoblauch verrühren und auf die heiße Suppe geben.

Kräuteröl – 15 g fein gehackte Minze oder gemischte Kräuter mit ¼ Teelöffel Zucker und 3 Esslöffeln Olivenöl verrühren. Kurz vor dem Servieren auf die Suppe träufeln.

Energie

Karottensuppe mit Mandeln

Pro Portion: 536 kcal   42,6 g Fett   11 g ges. Fetts.   20,6 g Eiweiß   23,3 g Kohlenhydrate   6,5 g Ballaststoffe

Blanchierte, gemahlene Mandeln machen diese Suppe schön sämig und sorgen dafür, dass sie lange satt macht.

Für 4 Personen

- 2 EL Olivenöl
- 1 Zwiebel, gewürfelt
- 2 Knoblauchzehen, sehr fein gehackt
- 450 g Karotten, in Scheiben geschnitten
- 1 TL Salz
- 1½ TL gemahlener Kreuzkümmel
- ½ TL gemahlener Koriander
- ½ TL Pfeffer
- ½ TL Cayennepfeffer
- 1 TL edelsüßes Paprikapulver
- ¼ TL gemahlener Ingwer
- 1,5 l Hühnerbrühe
- 35 g blanchierte Mandeln
- 225 g spanische Chorizo, gewürfelt
- 50 g Mandelblättchen
- Saft von 1 Zitrone
- 15 g frischer Koriander, grob gehackt

So wird's gemacht

Das Öl in einem großen Topf bei mittlerer bis hoher Temperatur erhitzen. Zwiebel und Knoblauch darin 5 Minuten unter häufigem Rühren braten, bis die Zwiebel weich ist. Karotten, Salz, Kreuzkümmel, gemahlenen Koriander, Pfeffer, Cayennepfeffer, Paprika und Ingwer zufügen und unter ständigem Rühren 1 Minute erhitzen. Brühe und blanchierte Mandeln zugeben und zum Kochen bringen. Die Suppe ohne Deckel bei niedriger Temperatur etwa 20 Minuten köcheln, bis die Karotten sehr weich sind.

Inzwischen eine schwere Pfanne bei mittlerer bis hoher Temperatur erhitzen. Die Chorizo darin 6–8 Minuten unter häufigem Rühren braten, bis sie braun wird und das Fett austritt. Die Mandelblättchen zugeben und unter häufigem Rühren braten, bis sie goldbraun und knusprig sind. Auf einem mit Küchenpapier ausgelegten Teller abtropfen lassen.

Die Suppe mit dem Stabmixer glatt pürieren. Bei mittlerer Temperatur bis an den Siedepunkt erhitzen, dann Zitronensaft und frischen Koriander einrühren.

Die Suppe auf vorgewärmte Schalen verteilen, mit Chorizo und Mandelblättchen garnieren und servieren.

Topinambursuppe

Pro Portion: 285 kcal   17 g Fett   7,4 g ges. Fetts.   5,3 g Eiweiß   30,9 g Kohlenhydrate   2,7 g Ballaststoffe

Die unregelmäßigen Knollen haben einen nussigen Geschmack und eine Konsistenz, durch die diese Suppe ganz ohne Sahne schön cremig wird.

Für 6 Personen

* 55 g Butter
* 2 Zwiebeln, gehackt
* 675 g Topinamburknollen, in Scheiben geschnitten und in Wasser eingelegt, damit sie sich nicht verfärben
* 850 ml Gemüsebrühe
* 300 ml Milch
* Salz und Pfeffer

Croûtons

* 4 EL Pflanzenöl
* 2 Scheiben altbackenes Weißbrot, Rinde entfernt und in 1 cm dicke Würfel geschnitten

So wird's gemacht

Für die Croûtons das Öl auf mittlerer Stufe in einer Pfanne erhitzen. Die Brotwürfel nebeneinander in die Pfanne geben und braten. Dabei gelegentlich rühren, bis die Würfel knusprig sind.

Die Croûtons aus der Pfanne nehmen und auf Küchenpapier abtropfen lassen.

Die Butter bei mittlerer Hitze in einem Topf zerlassen und die Zwiebeln darin weich dünsten.

Die abgetropften Topinamburscheiben einrühren. Den Topf abdecken und alles 10 Minuten dünsten.

Die Brühe zugießen und aufkochen. Die Hitze reduzieren und mit aufliegendem Deckel 20 Minuten köcheln.

Den Topf vom Herd nehmen und etwas abkühlen lassen. Die Suppe mit einem Stabmixer im Topf pürieren. Die Milch einrühren und mit Salz und Pfeffer abschmecken. Erneut erhitzen.

Auf vorgewärmte Suppenschalen verteilen, mit Croûtons bestreuen und sofort servieren.

Toller Topinambur

Topinamburknollen enthalten einen außergewöhnlich hohen Gehalt des Ballaststoffs Inulin, der wichtig für einen gesunden Verdauungsapparat ist.

Erbsensuppe mit Schinken

Pro Portion: 385 kcal 5,1 g Fett 1,3 g ges. Fetts. 29 g Eiweiß 58,3 g Kohlenhydrate 22,3 g Ballaststoffe

Das Geheimnis dieses Suppenklassikers liegt in der langen Garzeit bei niedriger Temperatur.

Für 6 Personen

* 500 g grüne Spalterbsen
* 1 EL Olivenöl
* 1 große Zwiebel, fein gehackt
* 1 große Karotte, fein gehackt
* 1 Selleriestange, fein gehackt
* 1 l ungesalzene Hühner- oder Gemüsebrühe
* 225 g geräucherte Schinkenwürfel
* ¼ TL getrockneter Thymian
* ¼ TL getrockneter Majoran
* 1 Lorbeerblatt
* Salz und Pfeffer

So wird's gemacht

Die Erbsen unter fließend kaltem Wasser abspülen, in einen Topf geben und mit reichlich Wasser bedecken. Zum Kochen bringen und 3 Minuten kochen, dabei den Schaum von der Oberfläche abschöpfen. Die Erbsen abgießen.

Das Öl in einem großen Topf bei mittlerer Temperatur erhitzen. Die Zwiebel darin 3–4 Minuten unter gelegentlichem Rühren weich dünsten. Karotte und Sellerie zugeben und 2 Minuten mitdünsten.

Erbsen, Brühe und 1 Liter Wasser zugeben und umrühren.

Zum Kochen bringen, dann den Schinken unterrühren. Thymian, Majoran und Lorbeerblatt zufügen. Die Temperatur reduzieren und mit aufliegendem Deckel 1–1½ Stunden garen, bis die Zutaten sehr weich sind. Das Lorbeerblatt entfernen.

Mit Salz und Pfeffer abschmecken. In vorgewärmte Suppenschalen füllen und sofort servieren.

Gesunde Zwiebeln

Zwiebeln sind außerordentlich gesund. Sie enthalten Schwefelverbindungen, die wie natürliche Antibiotika wirken und vor Krebs und Herzkrankheiten schützen. Sie sind zudem entzündungshemmend und antibakteriell und können Erkältungsbeschwerden, vor allem die verstopfte Nase bei Schnupfen, lindern.

Soupe au pistou

Pro Portion: 265 kcal 15,7 g Fett 2,8 g ges. Fetts. 9,6 g Eiweiß 21,7 g Kohlenhydrate 8 g Ballaststoffe

Diese vegetarische Suppe wird mit viel frischem, gesundem Gemüse zubereitet. Sie sättigt nachhaltig, ohne schwer im Magen zu liegen.

Für 6 Personen

- 500 g Tomaten, gehäutet, entkernt und gewürfelt
- 85 g grüne Bohnen, in mundgerechte Stücke geschnitten
- 1 Fenchelknolle, geviertelt und in Scheiben geschnitten
- 1 Karotte, gewürfelt
- 1 Zucchini, gewürfelt
- 1 Bouquet garni aus Petersilien- und Thymianstängeln sowie einem Lorbeerblatt
- 1 Prise Zucker
- 2 EL Tomatenmark
- 85 g gepalte Dicke Bohnen oder frische Erbsen
- 400 g weiße Bohnen aus der Dose, abgespült und abgetropft
- 2 EL kleine Suppennudeln, z. B. Ditalini
- Salz und Pfeffer

Sauce au pistou

- 3 Knoblauchzehen, geschält
- 55 g Basilikumblätter
- 30 g geriebener Parmesan, plus etwas mehr zum Servieren
- 1 Prise grobes Meersalz
- 6 EL natives Olivenöl extra, plus etwas mehr zum Servieren

So wird's gemacht

Tomaten, grüne Bohnen, Fenchel, Karotte, Zucchini, Bouquet garni, Zucker und Tomatenmark in einen großen, schweren Topf geben. So viel Wasser zugießen, dass das Gemüse 8 cm hoch bedeckt ist. Großzügig salzen und pfeffern. Mit aufgelegtem Deckel aufkochen. Gut umrühren, dann die Hitze auf kleinste Stufe reduzieren und alles 40–45 Minuten köcheln, bis das Gemüse sehr weich ist.

Inzwischen für die Sauce au pistou den Knoblauch im Mörser zerstoßen. Basilikum, Käse und Salz zufügen und alles zu einer Paste verarbeiten. Das Öl esslöffelweise einarbeiten.

Die Suppe ohne Deckel erhitzen, bis sie leicht köchelt. Dicke und weiße Bohnen einrühren und alles weitere 5–10 Minuten köcheln, bis die Dicken Bohnen weich sind. Die Nudeln zufügen und 3–5 Minuten oder nach Packungsanweisung bissfest kochen. Die Suppe sollte recht dickflüssig sein; falls aber zu viel Flüssigkeit verdampft ist, mit den Bohnen noch etwas Wasser zugeben.

Das Bouquet garni entfernen und die Sauce au pistou in die Suppe rühren. Bei Bedarf noch einmal mit Salz und Pfeffer abschmecken und sofort mit Parmesan und Olivenöl servieren.

Vollkorn

Sie haben die Wahl zwischen verschiedenen Getreidesorten, darunter Weizen, Dinkel, Emmer, Hafergrütze, Gerstengraupen und Naturreis. Alle sind reich an Ballaststoffen, die für die Gesundheit von Darmtrakt und Herz wichtig sind. Ihre löslichen Kohlenhydrate senken den Cholesterinspiegel. Da sie komplexe Kohlenhydrate enthalten, werden sie langsam verdaut. Der Körper wird gleichmäßig mit Energie versorgt und starke Schwankungen des Blutzuckerspiegels werden vermieden.

Schnelle Laksa mit Hühnchen

Pro Portion: 262 kcal   9 g Fett   6,1 g ges. Fetts.   16,5 g Eiweiß   30,5 g Kohlenhydrate   3 g Ballaststoffe

Diese mild-würzige Nudelsuppe ist wunderbar cremig. Wenn die genannten Gemüsesorten nicht erhältlich sind, können sie problemlos ersetzt werden.

Für 8 Personen

* 850 ml fettarme Kokosmilch
* 200 ml Hühnerbrühe
* 2–3 EL Laksa-Paste
* 500 g Hähnchenbrustfilet, in Streifen geschnitten
* 250 g Cocktailtomaten, halbiert
* 250 g Zuckererbsen, mit schrägem Schnitt halbiert
* 200 g getrocknete Reisnudeln
* 2 EL frisch gehackter Koriander

So wird's gemacht

Kokosmilch und Brühe in einen Topf füllen, die Laksa-Paste unterrühren und aufkochen. Die Hähnchenbruststreifen zufügen und 10–15 Minuten bei sanfter Hitze gar ziehen lassen.

Tomaten, Zuckererbsen und Nudeln untermischen und weitere 2–3 Minuten köcheln, bis die Nudeln gar sind. Den Koriander unterrühren und sofort servieren.

Laksa-Paste

Laksa-Paste ist als Konserve oder zum Anrühren als trockenes Produkt in Tüten im Asia-Laden erhältlich. Man kann sie natürlich auch aus Zitronengras, Ingwer, Chili, Zwiebel, Knoblauch, Pflaumenmus, Kurkuma und Limettensaft selbst herstellen.

Mediterrane Fischsuppe mit Aioli

Pro Portion: 941 kcal   73,5 g Fett   12 g ges. Fetts.   65,8 g Eiweiß   4,8 g Kohlenhydrate   Spuren von Ballaststoffen

Diese köstliche Suppe mit Stücken von frischem Fisch schmeckt nach Urlaub!

Für 4 Personen

- 2 kg verschiedene, weiße Fische, z. B. Knurrhahn, Snapper, Zackenbarsch und Schellfisch, filetiert, Köpfe, Gräten und Flossen aufheben
- 2 EL Weißweinessig
- 2 EL Zitronensaft
- 1,7 l Gemüsebrühe
- 2 TL Kräuter der Provence
- 2 Lorbeerblätter
- 4 Eigelb
- Salz und Pfeffer
- getoastetes Krustenbrot, zum Servieren

Aioli

- 4 Knoblauchzehen
- Salz
- 2 Eigelb
- 125 ml natives Olivenöl extra
- 125 ml Sonnenblumen- oder Distelöl
- 1–2 EL Zitronensaft

So wird's gemacht

Die Kiemen von den Fischköpfen entfernen. Die Fischfilets in Stücke schneiden. Gräten, Köpfe und Flossen mit Essig, 1 Esslöffel Zitronensaft und Gemüsebrühe in einen Topf geben. Kräuter und Lorbeerblätter zugeben, alles aufkochen und mit Salz abschmecken. Die Hitze reduzieren und die Suppe 30 Minuten köcheln.

In der Zwischenzeit für die Aioli den Knoblauch mit einer Prise Salz in einem Mörser zerreiben. Zusammen mit dem Eigelb in eine Schüssel geben und mit dem Handmixer cremig rühren. Die beiden Ölsorten in einem Becher mischen und in einem dünnen, stetigen Strahl in die Eimischung rühren. Mit dem Zitronensaft auf die gewünschte Konsistenz verdünnen. Die Aioli in eine Sauciere geben und mit aufliegendem Deckel beiseitestellen.

Den Fischfond durch ein Sieb in eine Schüssel abseihen und die Rückstände wegwerfen. Die Menge bei Bedarf mit etwas Wasser auf 1,7 Liter auffüllen. Wieder in den Topf geben.

Das Eigelb mit dem restlichen Zitronensaft in einer Schüssel verquirlen und in die Suppe rühren. Die Fischfiletstücke vorsichtig untermengen und bei schwacher Hitze 7–8 Minuten ziehen lassen, bis sie gar sind und die Suppe angedickt ist. Die Suppe darf nicht mehr aufkochen. In vorgewärmte Suppenschalen füllen und sofort mit Aioli und getoastetem Brot servieren.

Kürbissuppe mit Orange & Fenchel

Pro Portion: 499 kcal 38,7 g Fett 18,8 g ges. Fetts. 5,3 g Eiweiß 39 g Kohlenhydrate 6,6 g Ballaststoffe

Der Kürbis wird im Backofen vorgegart. Orange und Fenchel ergänzen sein mild-süßliches Aroma ausgezeichnet.

Für 4 Personen

* 2 getrocknete Chipotle-Chilis
* 1 großer Butternusskürbis, geschält, halbiert, entkernt und in 2 cm große Würfel geschnitten
* 2 EL natives Olivenöl extra, plus 1 EL Olivenöl zum Einpinseln
* 2 EL Butter
* 1 kleine Fenchelknolle, gehackt, Fenchelgrün zum Garnieren aufbewahren
* 2 Schalotten, gehackt
* 2 Knoblauchzehen, gehackt
* 1 TL abgeriebene Orangenschale
* 2 TL gemahlener Kreuzkümmel
* 175 ml Orangensaft
* 225 g Schlagsahne
* 1 EL frisch gepresster Zitronensaft, oder nach Geschmack
* Salz

So wird's gemacht

Den Backofen auf 190 °C vorheizen und einen Bräter einölen. Eine kleine, schwere Pfanne (vorzugsweise Gusseisen) bei mittlerer Temperatur erhitzen. Die Chilis in der Pfanne 20 Sekunden rösten, wenden und die andere Seite 20 Sekunden rösten. Die Chilis aus der Pfanne nehmen und in eine Schüssel geben. Mit heißem Wasser bedecken und 30 Minuten einweichen, bis sie aufgequollen sind, dabei zwischendurch umrühren oder einen Teller auf die Chilis legen, damit sie untergetaucht bleiben. Die Chilis abgießen. Die Flüssigkeit wird nicht verwendet. Stiele und Kerne entfernen, dann die Chilis sehr fein hacken.

Die Kürbiswürfel in einer großen Schüssel mit dem Öl mischen. Mit etwas Salz bestreuen und nochmals mischen. Die Würfel in einer Schicht in den Bräter legen und etwa 45 Minuten im Ofen backen, bis sie goldbraun und gar sind (mit einer Gabel einstechen). Die Kürbiswürfel zurück in die Schüssel geben.

Die Butter in einem großen Topf bei mittlerer bis niedriger Temperatur zerlassen. Fenchel, Schalotten, Knoblauch, Orangenschale und Chilis zugeben. Bei geschlossenem Deckel 15 Minuten dünsten, bis das Gemüse weich, aber nicht gebräunt ist. Den Kreuzkümmel zugeben und unter ständigem Rühren 1 Minute erhitzen. Die Temperatur erhöhen. Kürbis, Orangensaft und 225 ml Wasser zufügen und zum Kochen bringen. Mit schräg aufliegendem Deckel 15 Minuten garen, die Sahne zugeben und noch 5 Minuten köcheln. Mit Salz abschmecken.

Die Suppe pürieren und bei Bedarf mit etwas Wasser verdünnen. Mit Zitronensaft und Salz abschmecken und gut durchwärmen. In vorgewärmte Suppenschalen füllen, mit Fenchelgrün garnieren und sofort servieren.

Rindfleischsuppe mit Roten Beten & Äpfeln

Pro Portion: 299 kcal   10,5 g Fett   3,9 g ges. Fetts.   20,8 g Eiweiß   33,6 g Kohlenhydrate   7,9 g Ballaststoffe

Rote-Bete-Saft wird wegen seiner leistungssteigernden Wirkung von Sportlern geschätzt. Als Mittagessen gibt diese leichte Suppe mit proteinreichem Rindfleisch und cholesterinsenkenden Äpfeln Power für den Rest des Tages.

Für 4 Personen

- 1 EL Olivenöl
- 250 g mageres Rindersuppenfleisch, sichtbares Fett entfernt, klein gewürfelt
- 1 Zwiebel, fein gehackt
- 600 g rohe Rote Beten, grob geraspelt
- 115 g Karotten, grob geraspelt
- 2 Dessertäpfel, davon 1 entkernt und grob geraspelt
- 1 TL edelsüßes Paprika
- 1 TL Kümmelsamen
- 1 TL Fenchelsamen
- 1 l Rinderbrühe
- 1 EL Rotweinessig
- 150 g fettarmer Naturjoghurt
- 2 EL frisch gehackter Dill
- Salz und Pfeffer

So wird's gemacht

Das Öl in einem großen Topf erhitzen. Das Rindfleisch darin bei mittlerer Temperatur unter ständigem Rühren 5 Minuten rundum braun anbraten. Die Zwiebel zugeben und 5 Minuten unter Rühren mitbraten, bis sie hellbraun ist.

Rote Beten, Karotten und den geraspelten Apfel zugeben. Mit Paprika, Kümmel und Fenchelsamen bestreuen, dann Brühe und Essig zugießen. Unter Rühren aufkochen. Abgedeckt unter gelegentlichem Rühren 45 Minuten kochen, bis das Fleisch gar ist.

Die Suppe mit Salz und Pfeffer abschmecken. Den verbliebenen Apfel entkernen und fein würfeln. Die Suppe in vorgewärmte Schalen verteilen, mit Joghurt, Apfel und Dill garnieren und sofort servieren.

Ein Hoch!

Mageres Rindfleisch ist eine sehr gute Proteinquelle, vor allem von Weidetieren. Es hat insgesamt weniger Fett als anderes Fleisch, und man kann bedenkenlos ein bis zwei kleine Portionen pro Woche essen.

Gehaltvolle schwarze Bohnensuppe mit Chipotle-Chili

Pro Portion: 316 kcal 10,3 g Fett 3,2 g ges. Fetts. 20,8 g Eiweiß 34 g Kohlenhydrate 11 g Ballaststoffe

Mit komplexen Kohlenhydraten und Gemüse, das reich an Antioxidantien ist und damit die Krebsvorbeugung unterstützt, sowie Proteinen aus magerem Rindfleisch ist diese Suppe eine supergesunde, ausgewogene und sättigende Mahlzeit.

Für 4 Personen

- 1 getrockneter Chipotle-Chili
- 3 EL kochendes Wasser
- 1 EL Olivenöl
- 250 g mageres Rinder-Suppenfleisch, sichtbares Fett entfernt, klein gewürfelt
- 1 Zwiebel, fein gehackt
- 1 Knoblauchzehe, fein gehackt
- 350 g Süßkartoffeln, gewürfelt
- 450 g Tomaten, gehäutet und gewürfelt
- 1 TL Kreuzkümmelsamen, grob zerdrückt
- ½ TL gemahlener Zimt
- 600 ml Rinderbrühe
- 230 g schwarze Bohnen aus der Dose, Abtropfgewicht
- 1 EL Tomatenmark
- 2 TL dunkelbrauner Zucker
- Salz und Pfeffer

So wird's gemacht

Den Chili in einer kleinen Schüssel mit dem kochenden Wasser übergießen und 5 Minuten quellen lassen.

Das Öl in einem großen Topf erhitzen. Das Fleisch darin bei mittlerer Temperatur unter ständigem Rühren 5 Minuten rundherum braun anbraten. Die Zwiebel zugeben und 5 Minuten unter Rühren hellbraun braten.

Knoblauch, Süßkartoffeln und Tomaten unterrühren. Mit Kreuzkümmel und Zimt bestreuen und die Brühe zugießen. Bohnen, Tomatenmark und Zucker zufügen.

Den eingeweichten Chili fein hacken. Mit den Kernen und dem Einweichwasser in den Topf geben. Das Ganze zum Kochen bringen. Abgedeckt 45 Minuten unter gelegentlichem Rühren köcheln, bis das Fleisch gar ist. Mit Salz und Pfeffer abschmecken, in vorgewärmte Suppenschalen füllen und sofort servieren.

Rindfleischsuppe mit Roten Beten & Äpfeln
Seite 30
Gehaltvolle schwarze Bohnensuppe mit Chipotle-Chili
Seite 31

Schichtsuppe mit Sauerkraut und Schweinefleisch

Sauerkraut unterstützt die gesunde Darmflora, stärkt das Immunsystem, hält den Darm gesund und fördert dadurch das allgemeine Wohlbefinden.

Für 4 Personen

- 1 EL Olivenöl
- 350 g Schweinefilet, in dünne Scheiben geschnitten
- 1 Zwiebel, gehackt
- 2 Knoblauchzehen, fein gehackt
- 850 ml Hühnerbrühe
- 1 TL Fenchelsamen
- 1 TL mittelscharfer Senf
- 175 g Rosenkohl, in dünne Scheiben geschnitten
- 1 TL Kümmelsamen
- 115 g Karotten, grob geraspelt
- 1 Apfel, entkernt und grob geraspelt
- 175 g Sauerkraut, abgetropft
- 70 g Cornichons, abgetropft und gewürfelt
- 2 EL frisch gehackter Dill
- Salz und Pfeffer

So wird's gemacht

Das Öl in einem Topf erhitzen. Das Fleisch darin unter Rühren 5 Minuten braten. Die Zwiebel zugeben und 5 Minuten hellbraun braten.

Knoblauch und Brühe zufügen, Fenchelsamen und Senf einrühren. Zum Kochen bringen, dann mit aufliegendem Deckel 30 Minuten köcheln.

Wenn das Fleisch fast gar ist, Rosenkohl und Kümmel zufügen und 5 Minuten bissfest garen.

Die Hälfte der Schweinefleischmischung in vier Suppenschalen – idealerweise aus Glas – geben. Karotten und Apfel mischen und darüber verteilen, darauf die restliche Schweinefleischmischung füllen. Das Sauerkraut mit den Cornichons und dem gehackten Dill mischen und zuoberst verteilen.

Die heiße Brühe mit Salz und Pfeffer abschmecken und das Gemüse in den Suppenschalen damit übergießen. Sofort servieren.

Pro Portion: 215 kcal 6,8 g Fett 1,7 g ges. Fetts. 21,5 g Eiweiß 18,9 g Kohlenhydrate 5,4 g Ballaststoffe

Kürbis-Knoblauch-Suppe mit Süßkartoffeln

Pro Portion: 207 kcal   10,5 g Fett   4,6 g ges. Fetts.   3 g Eiweiß   28,2 g Kohlenhydrate   4 g Ballaststoffe

Kürbisse sind vielseitig. Man kann sie füllen und überbacken oder geschält und gewürfelt im Ofen rösten. Hier bilden sie die Grundlage für eine Samtsuppe.

Für 6 Personen

- 1 Eichel- oder Butternusskürbis
- 350 g Süßkartoffeln
- 4 Schalotten, geschält
- 2 EL Olivenöl
- 5–6 Knoblauchzehen, ungeschält
- 850 ml Hühnerbrühe
- 100 g Crème fraîche
- Salz und frisch gemahlener Pfeffer
- 3 EL Schnittlauchröllchen, zum Garnieren

So wird's gemacht

Den Backofen auf 190 °C vorheizen. Kürbis, Süßkartoffeln und Schalotten längs halbieren. Den Kürbis entkernen. Alle Schnittflächen mit dem Öl bestreichen.

Das Gemüse mit der Schnittseite nach unten in eine flache Auflaufform legen. Die Knoblauchzehen dazwischen verteilen. Im vorgeheizten Ofen etwa 40 Minuten garen, bis das Gemüse weich und leicht gebräunt ist. Abkühlen lassen.

Das Fruchtfleisch aus Süßkartoffeln und Kürbis aus den Schalen und zusammen mit den Schalotten in einen Topf geben. Die Knoblauchzehen schälen und zum Gemüse in den Topf geben.

Die Brühe zugießen und bis knapp unter den Siedepunkt erhitzen. Die Hitze reduzieren und mit schräg aufliegendem Deckel unter gelegentlichem Rühren 30 Minuten sanft köcheln.

Die Suppe etwas abkühlen lassen, dann in der Küchenmaschine oder mit dem Stabmixer, gegebenenfalls portionsweise, pürieren.

Die Suppe zurück in den ausgespülten Topf füllen und mit Salz und Pfeffer abschmecken. 5–10 Minuten erhitzen, dann die Crème fraîche unterziehen. In vorgewärmte Suppenschalen füllen und mit etwas grob gemahlenem Pfeffer und Schnittlauchröllchen garniert servieren.

Scharfe Hühner-Nudel-Suppe

Pro Portion: 273 kcal 5,3 g Fett 1,3 g ges. Fetts. 25 g Eiweiß 31,3 g Kohlenhydrate 3,9 g Ballaststoffe

Mit der frisch-pikanten Suppe können Sie Gäste beeindrucken – dabei ist sie ganz leicht zuzubereiten.

Für 2 Personen

* 1 roter Chili
* 1 Karotte
* 200 g Pak Choi
* 1 gegartes Hähnchenbrustfilet
* 300 ml Hühnerbrühe
* 18 g Miso-Paste
* 1 EL frisch geriebener Ingwer
* 150 g dünne Wok-Eiernudeln (ohne Vorkochen)
* dunkle Sojasauce
* 4 Frühlingszwiebeln

So wird's gemacht

Chili entkernen und fein würfeln und die Karotte in dünne Streifen (Juliennes) schneiden. Den Pak Choi grob hacken und das Hähnchenfleisch zerpflücken. Die Brühe sowie 250 ml Wasser in einen großen Topf gießen und auf mittlerer bis hoher Stufe aufkochen. Die Miso-Paste hineingeben und 2 Minuten köcheln.

Chili, Karotte, Pak Choi, Nudeln, Hähnchenbrust und Ingwer zufügen. Weitere 4–5 Minuten köcheln.

Mit Sojasauce abschmecken. Die Frühlingszwiebeln putzen, fein hacken und auf zwei Suppenschalen verteilen. Mit Suppe übergießen und sofort servieren.

Scharf und gesund!

Chilis enthalten das Alkaloid Capsaicin, das Schmerzen und Beschwerden bei Arthritis lindert. Da sie reich an Vitamin C und Karotin sind, stärken sie außerdem das Immunsystem.

Vegetarische Nudelsuppe

Pro Portion: 554 kcal   14,6 g Fett   3,5 g ges. Fetts.   19,1 g Eiweiß   90,5 g Kohlenhydrate   8,9 g Ballaststoffe

Gesundes Gemüse und aromatische Gewürze geben dieser herrlich leichten Suppe ihren unverkennbar indischen Geschmack.

Für 4 Personen

- 400 g getrocknete dicke Eiernudeln
- 2 EL Pflanzen- oder Erdnussöl
- 1 Zwiebel, fein gehackt
- 1 TL gemahlener Kreuzkümmel
- ½ TL gemahlene Kurkuma
- 2 Knoblauchzehen, zerdrückt
- 2 TL frisch geriebener Ingwer
- 1 TL Salz
- 2 frische grüne Chilis, fein gehackt
- 100 g Zuckererbsen, der Länge nach in feine Streifen geschnitten
- 2 große Karotten, in dünne Stifte geschnitten
- 1 rote Paprika, in feine Streifen geschnitten
- 2 Tomaten, fein gehackt
- 2 EL dunkle Sojasauce
- 1 l Gemüsebrühe
- Pfeffer
- 200 g junger Spinat
- 6 EL frisch gehackter Koriander
- 1 TL geröstetes Sesamöl

So wird's gemacht

Die Nudeln nach Packungsanweisung garen. Abgießen, mit kaltem Wasser abschrecken und beiseitestellen.

Das Pflanzenöl in einem großen Topf bei mittlerer Stufe erhitzen und die Zwiebel darin unter Rühren 8–10 Minuten dünsten, bis sie leicht gebräunt ist.

Kreuzkümmel, Kurkuma, Knoblauch, Ingwer, Salz und Chilis dazugeben und unter Rühren 1–2 Minuten dünsten. Zuckerebsen, Karotten und Paprika hinzufügen und unter Rühren weitere 1–2 Minuten garen.

Tomaten, Sojasauce und Brühe zugeben und kräftig pfeffern. Alles aufkochen, dann die Hitze reduzieren und 10–12 Minuten köcheln, bis das Gemüse gar ist.

Die Nudeln mit dem Spinat hineingeben und erneut aufkochen. Rühren, bis der Spinat zusammenfällt, dann vom Herd nehmen und Koriander und Sesamöl unterrühren. In vorgewärmten Schalen sofort servieren.

Pikante Kichererbsensuppe mit Lamm

Pro Portion: 317 kcal 11,8 g Fett 3,9 g ges. Fetts. 19,4 g Eiweiß 35 g Kohlenhydrate 8 g Ballaststoffe

Lammfleisch liefert in dieser marokkanischen Suppe die Proteine, Kichererbsen und Süßkartoffeln enthalten komplexe Kohlenhydrate, die den Körper gleichmäßig mit Energie versorgen und helfen, Blutzuckerschwankungen vorzubeugen.

Für 4 Personen

- 1 EL Olivenöl
- 750 g Lammnacken mit Knochen
- 2 Zwiebeln, grob gehackt
- 2 Knoblauchzehen, in Scheiben geschnitten
- 7-cm-Stück Zimtstange, halbiert
- 4 Gewürznelken
- 30 g frischer Ingwer, in Scheiben geschnitten
- 1 TL Kreuzkümmelsamen, grob zerdrückt
- ¼ TL schwarze Pfefferkörner, grob zerdrückt
- 1,4 l Lammbrühe
- 400 g Kichererbsen aus der Dose, Abtropfgewicht
- 200 g Karotten, gewürfelt
- 300 g Süßkartoffeln, gewürfelt
- ½ TL geräuchertes Paprikapulver (Pimentón)
- 2 EL frisch gehackte Minze
- Salz

So wird's gemacht

Das Öl in einem großen Topf erhitzen. Das Fleisch darin bei mittlerer Temperatur von einer Seite 5 Minuten bräunen. Die Stücke wenden, die Zwiebeln zugeben und unter gelegentlichem Rühren 10 Minuten bräunen.

Knoblauch, Zimt, Gewürznelken, Ingwer, Kreuzkümmel und Pfeffer zufügen und die Brühe zugießen. Unter Rühren zum Kochen bringen, dann mit aufliegendem Deckel 1½ Stunden köcheln, bis das Fleisch gar ist und sich leicht von den Knochen löst.

Das Fleisch mit einem Schaumlöffel aus dem Topf nehmen und auf einen Teller legen. Die Suppe durch ein Sieb in einen anderen Topf gießen. Rückstände aus dem Sieb entsorgen. Kichererbsen, Karotten, Süßkartoffeln und Paprikapulver zur Suppe geben und alles unter gelegentlichem Rühren zum Kochen bringen. Abgedeckt 30 Minuten köcheln, bis das Gemüse gar ist.

Inzwischen vom Fleisch das sichtbare Fett entfernen. Das Fleisch von den Knochen lösen und in kleine Stücke schneiden. Es sollten 200–250 g sein. 10 Minuten vor Ende der Garzeit zur Suppe geben und durchwärmen. Die Suppe mit etwas Salz abschmecken. In vorgewärmte Suppenschalen füllen, mit gehackter Minze bestreuen und sofort servieren.

Muscheln mit Bacon & Porree

Pro Portion: 369 kcal 21,8 g Fett 10,9 g ges. Fetts. 18,9 g Eiweiß 10,3 g Kohlenhydrate 1,1 g Ballaststoffe

Der leicht salzige Speck ergänzt den Geschmack der milden Muscheln hervorragend. Versuchen Sie, einen Speck zu finden, der in einer Lake ohne Zucker gepökelt wurde.

Für 4 Personen

- 1,5 kg frische Venusmuscheln, küchenfertig
- 1 TL Butter
- 12 Scheiben durchwachsener Frühstücksspeck, grob gehackt
- 200 g Porree, in Scheiben
- 1 Knoblauchzehe, fein gehackt
- 100 ml Weinbrand
- 100 g Schlagsahne
- 25 g frisch gehackte glatte Petersilie

Tagesration!

Alle essbaren Muscheln sind fettarm, enthalten aber viele wertvolle Mineralstoffe und B-Vitamine. Venusmuscheln haben einen sehr hohen Eisengehalt. Nur 100 g Muschelfleisch deckt den Tagesbedarf.

So wird's gemacht

Die Muscheln mit beschädigter Schale und offene Exemplare, die sich beim Antippen nicht sofort schließen, aussortieren.

Die Butter in einem hohen, schweren Topf bei mittlerer Hitze zerlassen. Den Speck darin 4–5 Minuten unter Rühren anbraten, bis er knusprig braun ist. Mit einem Schaumlöffel auf einen Teller mit Küchenpapier heben und abtropfen lassen.

Porree und Knoblauch in den noch fettigen Topf geben und 5 Minuten unter regelmäßigem Rühren anbraten, bis er weich, aber nicht braun ist.

Mit dem Weinbrand ablöschen. Einige Minuten köcheln, bis der Alkohol verdampft ist (Achtung: Weinbrand kann sich in einem heißen Topf entzünden). 300 ml Wasser zugießen und umrühren. Den Herd auf mittlere bis hohe Stufe stellen. Sobald der Sud anfängt zu kochen, die Muscheln zufügen. Bei geschlossenem Deckel 5 Minuten garen, bis die Muscheln sich geöffnet haben.

Den Topf vom Herd nehmen. Muscheln, die sich nicht geöffnet haben, aussortieren. Speck und Sahne untermischen und mit Petersilie bestreut sofort servieren.

Sieben-Meere-Suppe

Pro Portion: 295 kcal 8,5 g Fett 2,3 g ges. Fetts. 26,2 g Eiweiß 31 g Kohlenhydrate 5,4 g Ballaststoffe

Fisch ist kalorienarm, aber reich an Protein, Vitaminen und Mineralstoffen. Diese leichte Suppe mit mediterranem Gemüse und Naturreis begeistert die Geschmacksknospen und sättigt, ohne ein Völlegefühl zu verursachen.

Für 4 Personen

- 1 EL Olivenöl
- 1 Zwiebel, fein gehackt
- 2 Knoblauchzehen, fein gehackt
- 1 kleine Fenchelknolle, fein gehackt, das Grün aufbewahren
- 1 rote Paprika, halbiert und gewürfelt
- 500 g Tomaten, geschält und gewürfelt
- 1,2 l Gemüsebrühe
- 55 g Rundkorn-Naturreis
- ½ TL getrockneter Oregano
- ¼ TL rote Chiliflocken
- 1 EL Tomatenmark
- 40 g dunkles Krebsfleisch (Konserve)
- 150 g küchenfertiger Tintenfisch, in Scheiben geschnitten, TK-Ware aufgetaut
- 225 g rohe Garnelen, geschält und entdarmt, TK-Ware aufgetaut
- 225 g gegartes Muschelfleisch, TK-Ware aufgetaut
- 2 EL frisch gehackte Petersilie
- abgeriebene Schale von 1 Bio-Zitrone
- Salz und Pfeffer

So wird's gemacht

Das Öl in einem großen Topf erhitzen. Die Zwiebel darin bei mittlerer Temperatur unter Rühren 5 Minuten hellbraun braten. Knoblauch, Fenchel, Paprika und Tomaten einrühren und 3 Minuten mitgaren.

Die Brühe zugießen, dann Reis, Oregano, Chiliflocken und Tomatenmark zufügen. Unter Rühren zum Kochen bringen, dann mit aufliegendem Deckel 30 Minuten köcheln, bis der Reis gar ist.

Das Krebsfleisch zufügen, dann Tintenfisch, Garnelen und Muscheln einrühren. 5 Minuten garen, bis die Garnelen rosa sind. Mit Salz und Pfeffer abschmecken.

Das Fenchelgrün hacken und mit Petersilie und Zitronenschale mischen. Die Suppe in vorgewärmte Schalen füllen, mit der Kräutermischung bestreuen und sofort heiß servieren.

Nährstoffe

Grünkohlsuppe mit Gartenkräutern
Seite 53
Pilzsuppe mit Quinoa & Maronen
Seite 52

Avocado-Erdbeer-Schichtsuppe

Kalte Suppen sind herrlich erfrischend und sehr gesund. Für dieses raffinierte Rezept werden Avocado und Brunnenkresse kurz gegart, püriert und dann mit roh pürierten Erdbeeren in Gläser geschichtet. Suppe oder Smoothie – das ist hier die Frage!

Für 4 Personen

* 1 TL Avocadoöl
* 4 Frühlingszwiebeln, in Ringe geschnitten
* 25 g Brunnenkresse
* 250 ml Gemüsebrühe
* Fruchtfleisch von 1 Avocado
* 250 g Erdbeeren, halbiert
* Saft von ½ Zitrone

So wird's gemacht

Das Öl in einem Topf erhitzen. Die Frühlingszwiebeln darin bei mittlerer Temperatur unter Rühren 2 Minuten weich dünsten. Brunnenkresse und Brühe zufügen und unter Rühren aufkochen. Abgedeckt 3–4 Minuten köcheln, bis die Brunnenkresse zusammengefallen ist. Abkühlen lassen, dann in den Kühlschrank stellen.

Die gekühlte Brunnenkressebrühe mit der Avocado pürieren, dann in eine Schüssel füllen. Erdbeeren und Zitronensaft pürieren. Durch ein Sieb in eine Schüssel streichen.

Die Hälfte des Avocadopürees in vier kleine Gläser löffeln. Vorsichtig die Hälfte des Erdbeerpürees daraufschichten. Zwei weitere Schichten in jedes Glas füllen. Sofort servieren oder kalt stellen.

Pro Portion: 118 kcal 9,1 g Fett 1,4 g ges. Fetts. 1,9 g Eiweiß 10,5 g Kohlenhydrate 4,9 g Ballaststoffe

Tomatensuppe mit Reis

Pro Portion: 175 kcal 5,9 g Fett 1,8 g ges. Fetts. 12,5 g Eiweiß 17,5 g Kohlenhydrate 0,5 g Ballaststoffe

Die Zubereitung dieser Suppe macht wenig Mühe, kostet aber etwas Zeit. Durch den Reis bekommt sie Biss und hält lange satt, ohne zu belasten.

Für 6-8 Personen

- 1 kleines Schinkeneisbein, ca. 450 g
- 2 Dosen Tomaten (à 400 g)
- 150 g Basmatireis
- ½ TL Salz
- knuspriges Brot zum Servieren

So wird's gemacht

Das Schinkeneisbein in einem großen Topf knapp mit Wasser bedecken. Bei mittlerer Temperatur zum Kochen bringen, den Deckel auflegen und bei niedriger Temperatur 1 Stunde köcheln. Den Topf vom Herd nehmen und etwas abkühlen lassen.

Das Eisbein aus dem Topf nehmen. Das Fleisch vom Knochen lösen, würfeln und wieder in die Brühe geben.

Die Suppe zum Kochen bringen. Tomaten samt Saft, Reis und Salz zufügen und mit aufliegendem Deckel bei niedriger Temperatur 30 Minuten köcheln. In vorgewärmte Suppenschalen füllen und sofort mit knusprigem Brot servieren.

Esst mehr Ketchup!

Produkte aus gegarten Tomaten, etwa Ketchup, Passata und Tomaten in Dosen, enthalten mehr Lycopin als rohe Tomaten. Das Antioxidans kann freie Radikale im menschlichen Körper unschädlich machen.

Spinatsuppe mit Ingwer

Pro Portion: 156 kcal   9,5 g Fett   1,7 g ges. Fetts.   3,4 g Eiweiß   16,5 g Kohlenhydrate   3,5 g Ballaststoffe

Die samtige, dunkelgrüne Suppe hat durch die Kombination von Spinat mit Knoblauch, Ingwer und Zitronengras ein außergewöhnlich interessantes Aroma.

Für 4 Personen

- 2 EL Sonnenblumenöl
- 1 Zwiebel, gehackt
- 2 Knoblauchzehen, fein gehackt
- 2 TL frisch geriebener Ingwer
- 225 g junger Spinat
- 1 kleiner Zitronengrasstängel, fein gehackt
- 1 l Hühner- oder Gemüsebrühe
- 250 g Kartoffeln, gewürfelt
- 1 EL Reiswein oder Sherry
- Salz und Pfeffer
- 1 TL Sesamöl, zum Beträufeln

So wird's gemacht

Das Öl in einem Topf erhitzen. Zwiebel, Knoblauch und Ingwer zugeben und 3–4 Minuten andünsten.

Für die Garnierung einige Spinatblätter beiseitelegen. Die restlichen Blätter mit dem Zitronengras in den Topf geben und rühren, bis der Spinat zusammenfällt. Brühe und Kartoffeln zugeben und zum Kochen bringen. Die Hitze reduzieren, den Deckel auflegen und alles 10 Minuten köcheln, bis die Kartoffeln gar sind.

Die Suppe in einer Küchenmaschine glatt pürieren. Zurück in den Topf gießen. Den Reiswein zugeben, mit Salz und Pfeffer abschmecken und durchwärmen, aber nicht mehr kochen.

Die Suppe auf vorgewärmte Suppenschalen verteilen und mit den beiseitegelegten Spinatblättern garnieren. Mit dem Sesamöl beträufeln und sofort heiß servieren.

Multitalent Spinat

Spinat enthält eine Reihe von Antioxidantien, die vor zahlreichen Krebsarten schützen. Er ist außerdem reich an Karotinoiden, die wichtig für die Gesundheit der Augen sind.

Kalte Dicke-Bohnen-Suppe

Pro Portion: 190 kcal 3,5 g Fett 1,9 g ges. Fetts. 15,4 g Eiweiß 20,3 g Kohlenhydrate 10,8 g Ballaststoffe

In warmen Ländern sind kalte Suppen ganz selbstverständlich, hierzulande sind viele Leute jedoch skeptisch. Dieses erfrischende Rezept mit Zitrone und Sommerbohnenkraut wird sie sicher überzeugen.

Für 4 Personen

- 850 ml Gemüsebrühe
- 650 g frische, junge Dicke Bohnen
- 3 EL Zitronensaft
- 2 EL frisch gehacktes Bohnenkraut
- Salz und Pfeffer
- 4 EL Joghurt (10 % Fett), zum Garnieren
- frische Minzeblätter oder Majoranblüten, zum Garnieren

So wird's gemacht

Die Gemüsebrühe in einem großen Topf aufkochen. Die Hitze reduzieren, die Bohnen zugeben und etwa 7 Minuten köcheln, bis sie gar sind.

Vom Herd nehmen und etwas abkühlen lassen. Die Suppe portionsweise in der Küchenmaschine oder im Standmixer pürieren, dann durch ein nicht zu feines Sieb oder eine flotte Lotte in eine Schüssel passieren.

Zitronensaft und Bohnenkraut in die Suppe rühren und alles mit Salz und Pfeffer abschmecken. Vollständig abkühlen lassen, den Topf mit Frischhaltefolie abdecken und mindestens 3 Stunden in den Kühlschrank stellen.

Die Suppe vor dem Servieren gut durchrühren und bei Bedarf erneut abschmecken. In sechs gekühlte Schalen füllen, je 1 Esslöffel Joghurt daraufgeben und mit Minze oder Majoran garnieren.

Großartig!

Dicke Bohnen kommen von Juni bis Mitte September frisch auf den Markt. Am besten schmecken sie, wenn sie jung sind. Sie sind reich an Proteinen und Kohlenhydraten und enthalten die Vitamine A, B, B_1 und B_2.

Klare Rinderbrühe

Pro Portion: 90 kcal 2,5 g Fett 1 g ges. Fetts. 3,7 g Eiweiß 14 g Kohlenhydrate 1,7 g Ballaststoffe

Die klare, mineralstoffreiche Brühe wärmt gut durch und ist eine gute Alternative zu Tee oder Kaffee. Erschrecken Sie nicht über die lange Garzeit! Wenn die Suppe erst einmal köchelt, kann sie sich selbst überlassen bleiben.

Für 4 Personen

* 2 kg Rinderknochen, in große Stücke gehackt
* 2 Zwiebeln, grob gewürfelt
* 175 g Porree, in dicke Scheiben geschnitten
* 250 g Karotten, in dicke Scheiben geschnitten
* 3 Selleriestangen, in dicke Scheiben geschnitten
* 3 Tomaten, grob gewürfelt
* 2 Knoblauchzehen, halbiert
* 3 Lorbeerblätter
* 10-cm-Stück Zimtstange, halbiert
* 85 g frischer Ingwer, in Scheiben geschnitten
* 1 EL dunkelbrauner Zucker
* 1 TL schwarze Pfefferkörner, grob zerdrückt
* Salz

So wird's gemacht

Den Backofen auf 220 °C vorheizen. Die Knochen in einen großen Bräter legen und im vorgeheizten Ofen 30 Minuten rösten, bis sie braun werden. Die Knochen wenden. Zwiebeln, Porree, Karotten, Sellerie, Tomaten und Knoblauch zugeben und weitere 30 Minuten rösten, bis die Knochen dunkelbraun sind und das Gemüse Farbe annimmt.

Knochen und Gemüse mit einem Schaumlöffel in einen großen Topf heben, dabei möglichst viel Fett abtropfen lassen.

Lorbeerblätter, Zimt, Ingwer und Zucker zugeben, dann 3 Liter Wasser zugießen und die Pfefferkörner unterrühren. Aufkochen, den Schaum von der Oberfläche abschöpfen, den Deckel auflegen und 4 Stunden köcheln.

Ein Sieb mit Käseleinen auslegen. Die Brühe durchgießen. Es sollten etwa 1,5 Liter sein. Ist es deutlich mehr, die Brühe wieder in den Topf geben und einkochen. So bekommt sie einen intensiveren Geschmack. Mit Salz abschmecken.

Abkühlen lassen, dann über Nacht in den Kühlschrank stellen. Das Fett mit einem Löffel von der Oberfläche abnehmen. Die Brühe erwärmen, in vorgewärmte Becher füllen und sofort servieren.

Rindfleischsuppe mit roten Zwiebeln & Cranberrys

Pro Portion: 308 kcal 11,9 g Fett 4 g ges. Fetts. 28 g Eiweiß 24,5 g Kohlenhydrate 3,8 g Ballaststoffe

Durch langsames Kochen entfalten sich die Aromen dieser wärmenden Suppe mit fruchtigem Touch. Sie enthält zwar relativ wenig Fleisch, dafür aber Puy-Linsen, die leicht verdaulich sind, wertvolle Proteine liefern und gut sättigen.

Für 4 Personen

- 1 EL Olivenöl
- 400 g mageres Rindersuppenfleisch, gewürfelt
- 1 rote Zwiebel, gehackt
- 2 Selleriestangen, gewürfelt
- 400 g Tomatenstücke aus der Dose
- 1 l Rinderbrühe
- 70 g Puy-Linsen
- 2 EL Cranberrysauce
- abgeriebene Schale von ½ Bio-Orange
- 150 g Blumenkohlröschen, in dünne Scheiben geschnitten
- Salz und Pfeffer

So wird's gemacht

Das Öl in einem Topf erhitzen. Das Fleisch darin bei mittlerer Temperatur unter Rühren 5 Minuten rundherum braun anbraten. Die Zwiebel zugeben und unter Rühren 5 Minuten hell bräunen.

Sellerie, Tomaten und Brühe einrühren, dann Linsen, Cranberrysauce und Orangenschale zufügen. Unter Rühren zum Kochen bringen, dann mit aufliegendem Deckel 1¾ Stunden köcheln. Gelegentlich umrühren.

5 Minuten vor Ende der Garzeit den Blumenkohl zugeben. Mit Salz und Pfeffer abschmecken. In vorgewärmte Suppenschalen füllen und sofort servieren.

Klare Rinderbrühe
Seite 64
Rindfleischsuppe mit roten Zwiebeln & Cranberrys
Seite 65

Adobo-Suppe

Für eine gute Suppe braucht man gar nicht viel Fleisch. Hier wird Schweineschulter mit Sojasauce, Sherry und Sternanis langsam gegart. Die köstliche, nährstoffreiche Suppe schmeckt mittags und abends gleichermaßen gut.

Für 4 Personen

- 1 EL Reiskeimöl
- 350 g Schweineschulter, sichtbares Fett entfernt, mundgerecht gewürfelt
- 1 Zwiebel, gehackt
- 2 Knoblauchzehen, fein gehackt
- 1 l Hühnerbrühe
- 2 EL salzarme Sojasauce
- 4 EL Sherry medium
- 2 Lorbeerblätter
- 2 Sternanis
- 2 TL Tomatenmark
- 1 EL dunkelbrauner Zucker
- 1 EL Reisessig
- 55 g Langkorn-Naturreis
- 115 g Karotten, in feine Streifen geschnitten
- 200 g Sprossenbrokkoli, Stiele in Scheiben geschnitten, Röschen halbiert
- 115 g Sojabohnensprossen, kalt abgespült und abgetropft
- 3 EL grob gehackter Koriander

So wird's gemacht

Das Öl in einem Topf erhitzen. Das Fleisch darin unter Rühren 5 Minuten braun anbraten. Die Zwiebel zugeben und 5 Minuten mitbraten, bis sie Farbe annimmt.

Den Knoblauch einrühren, dann Brühe, Sojasauce, Sherry, Lorbeerblätter und Sternanis zufügen. Tomatenmark, Zucker, Essig und Reis zugeben und alles unter Rühren zum Kochen bringen.

Abgedeckt 50 Minuten köcheln. Kurz vor Ende der Garzeit Karotten und Brokkoli 5 Minuten über einem Topf mit kochendem Wasser dämpfen. Die Lorbeerblätter und den Sternanis aus der Suppe nehmen und entsorgen. Die Sojabohnensprossen zugeben und etwa 1 Minute durchwärmen.

Die Suppe in vorgewärmte Suppenschalen füllen. Das gedämpfte Gemüse auf die Schalen verteilen, mit Koriander bestreuen und sofort servieren.

Pro Portion: 299 kcal 10,4 g Fett 3,3 g ges. Fetts. 21,6 g Eiweiß 28,5 g Kohlenhydrate 4 g Ballaststoffe

Grün ist gut

Kinder können sich für grünes Gemüse oft nicht begeistern, dabei sind Grünkohl, Brokkoli, Rosenkohl, Spinat und Mangold supergesund. Je dunkler das Grün, desto mehr Lutein und Zeaxanthin enthält das Gemüse. Diese Antioxidantien bekämpfen Krebs und beugen altersbedingter Makuladegeneration vor. Brokkoli enthält außerdem Schwefelverbindungen, die ebenfalls krebsvorbeugend wirken , sowie B-Vitamine und Folsäure, die in der Schwangerschaft wichtig ist, immunsystemstärkendes Vitamin C und Vitamin K, das für die Blutgerinnung benötigt wird.

Getreidesuppe mit Putenfleisch

Pro Portion: 388 kcal 9,9 g Fett 1,9 g ges. Fetts. 30,6 g Eiweiß 45,5 g Kohlenhydrate 8,9 g Ballaststoffe

Schon kleine Veränderungen der Essgewohnheiten können viel bewirken. Vollkorngetreide senkt den Cholesterinspiegel und stärkt die Herzgesundheit.

Für 4 Personen

- 85 g Azukibohnen, über Nacht in kaltem Wasser eingeweicht
- 85 g Hafergrütze
- 55 g Grünkern
- 1 EL Olivenöl
- 150 g Porree, grüne und weiße Teile separat in dünne Ringe geschnitten
- 250 g Putenbrust, gewürfelt
- 1,2 l Hühnerbrühe
- 20 g frisch geriebener Ingwer
- 150 g gefrorene Sojabohnen
- 85 g junger Spinat
- Saft von 1 Zitrone
- Salz und Pfeffer

So wird's gemacht

Einen mittelgroßen Topf zur Hälfte mit Wasser füllen. Aufkochen, dann abgetropfte Azukibohnen, Hafergrütze und Grünkern zugeben. Wieder zum Kochen bringen und 10 Minuten sprudelnd kochen.

Inzwischen das Öl in einem zweiten Topf erhitzen. Weiße Porreeringe und Putenfleisch darin bei mittlerer Temperatur unter Rühren 5 Minuten hellbraun anbraten.

Die Brühe zum Fleisch gießen und den Ingwer zugeben. Das halbgar gekochte Getreide abgießen und ebenfalls zufügen. Unter Rühren zum Kochen bringen, dann mit aufliegendem Deckel 25 Minuten garen.

Sojabohnen, Spinat und grüne Porreeringe zugeben. Abgedeckt 5 Minuten köcheln, bis die Sojabohnen gar sind. Mit Zitronensaft, Salz und Pfeffer abschmecken. In vorgewärmten Suppenschalen servieren.

Aus dem vollen Korn

Vollkorngetreide ist reich an löslichen Ballaststoffen. Es senkt den Cholesterinspiegel und unterstützt darum die Herzgesundheit. Weil es langsam verdaut wird, sättigt es anhaltend, versorgt den Körper gleichmäßig mit Energie und hilft, Blutzuckerschwankungen zu vermeiden.

Spargel-Krebsfleisch-Suppe

Pro Portion: 95 kcal   0,9 g Fett   0,2 g ges. Fetts.   16,1 g Eiweiß   5,6 g Kohlenhydrate   1 g Ballaststoffe

Es lohnt sich auf jeden Fall, die Brühe selbst zu kochen. Wenn Sie einmal gar keine Zeit haben, können Sie auch ein gekauftes Produkt verwenden.

Für 6 Personen

- 450 g frisch gekochtes Krebsfleisch
- 270 g grüner oder dünner weißer Spargel, in 2 cm lange Stücke geschnitten
- 2 Eiweiß (Größe L), leicht verquirlt
- 1 EL Speisestärke
- Salz und Pfeffer
- 8 g frische Korianderblätter, zum Garnieren

Brühe

- 900 g Krebsschalen
- 25 g frischer Ingwer, in feine Scheiben geschnitten
- 4 Frühlingszwiebeln, fein gehackt
- 2–3 EL Nam Pla (Fischsauce)

So wird's gemacht

Für die Brühe 3 Liter Wasser mit den Krebsschalen in einen großen Topf geben und bei starker Hitze zum Kochen bringen, dann die Hitze auf mittlere Stufe reduzieren. Ingwer, Frühlingszwiebeln und Nam Pla zugeben und 1½ Stunden köcheln, bis die Flüssigkeit auf die Hälfte reduziert ist. Zwischendurch regelmäßig den Schaum abschöpfen. Durch ein Sieb in einen sauberen Topf gießen, die Rückstände aus dem Sieb entsorgen.

Die Brühe bei mittlerer Hitze erwärmen und Krebsfleisch und Spargelstücke zugeben. Mit Salz und Pfeffer abschmecken und den Deckel auflegen. Die Suppe etwa 5 Minuten gar ziehen lassen.

Das Eiweiß in einem dünnen Strahl in die Suppe rühren und diese weitere 2 Minuten garen. Die Speisestärke mit 2 Esslöffeln Wasser verquirlen, in die Suppe rühren und kurz aufkochen, bis sie andickt. Auf Suppenschalen verteilen, mit Koriander garnieren und sofort servieren.

Frühlingsfrisch

Frühlingszwiebeln liefern reichlich Schwefelverbindungen, die den Organismus entgiften. Sie enthalten deutlich mehr Vitamin K als normale Küchenzwiebeln. Dieses Vitamin wird, ebenso wie der enthaltene Phosphor, während der Schwangerschaft für die Knochenbildung des ungeborenen Kindes gebraucht.

Scharfe Erdnusssuppe

Pro Portion: 403 kcal   27,8 g Fett   10,4 g ges. Fetts.   10,8 g Eiweiß   34,1 g Kohlenhydrate   5,4 g Ballaststoffe

Erdnussbutter, Kräuter und Chili verleihen dieser pikanten Suppe ihren interessanten Geschmack.

Für 4 Personen

- 1 EL Pflanzenöl
- 1 kleine Zwiebel, gehackt
- 1 EL frisch gehackter Ingwer
- 2 Knoblauchzehen, fein gehackt
- ½ TL gemahlener Kreuzkümmel
- ½ TL Pfeffer
- ¼ TL gemahlener Zimt
- ¼ TL Cayennepfeffer
- ¼ TL Kurkuma
- 1½ TL Salz
- 2–4 Serrano-Chilis, fein gehackt
- 350 g Süßkartoffeln, geschält und gewürfelt
- 700 ml Gemüsebrühe
- 400 g Tomatenstücke aus der Dose, mit Saft
- 125 g cremige Erdnussbutter
- 125 ml Kokosmilch
- Saft von 1 Zitrone
- 2 EL frisch gehackter Koriander
- 2 Frühlingszwiebeln, in dünne Ringe geschnitten, und 4 Stängel frischer Koriander, zum Garnieren

So wird's gemacht

Das Öl in einem Topf bei mittlerer Temperatur erhitzen. Die Zwiebel darin unter Rühren 10 Minuten weich dünsten. Ingwer, Knoblauch, Kreuzkümmel, Pfeffer, Zimt, Cayennepfeffer, Kurkuma und Salz unterrühren.

Chilis, Süßkartoffeln und Brühe zufügen. Alles bei mittlerer bis hoher Temperatur zum Kochen bringen, dann die Temperatur reduzieren und 20 Minuten köcheln, bis die Süßkartoffeln gar sind.

Tomaten mit Saft und Erdnussbutter unterrühren. Die Suppe im Mixer pürieren und wieder in den Topf geben. Kokosmilch, Zitronensaft und Koriander zugeben und alles bei mittlerer Temperatur durchwärmen. In vorgewärmte Suppenschalen füllen, mit Frühlingszwiebeln und Koriander garnieren und sofort servieren.

Süßkartoffel-Apfel-Suppe

Pro Portion: 291 kcal 9,7 g Fett 5,8 g ges. Fetts. 4,4 g Eiweiß 48,2 g Kohlenhydrate 6,9 g Ballaststoffe

Dieses fantastische Rezept wird Sie mit seiner ungewöhnlichen Geschmacksnote begeistern.

Für 6 Personen

- 1 EL Butter
- 3 Porreestangen, in feine Ringe geschnitten
- 1 große Karotte, in dünne Scheiben geschnitten
- 600 g Süßkartoffeln, gewürfelt
- 2 große Äpfel (Braeburn), geschält, entkernt und gewürfelt
- frisch geriebene Muskatnuss
- 225 ml Apfelsaft
- 225 g Schlagsahne
- Salz und Pfeffer
- Schnittlauchröllchen oder frisch gehackter Koriander, zum Garnieren

So wird's gemacht

Die Butter in einem großen Topf bei mittlerer Hitze zerlassen.

Den Porree zugeben, abdecken und unter häufigem Rühren 6–8 Minuten dünsten, bis er weich ist.

Karotte, Süßkartoffeln, Äpfel und 1,2 Liter Wasser zufügen. Mit Salz, Pfeffer und Muskatnuss abschmecken. Das Ganze aufkochen, die Hitze reduzieren und unter gelegentlichem Rühren 20 Minuten mit aufliegendem Deckel köcheln, bis das Gemüse gar ist.

Die Suppe leicht abkühlen lassen, dann in der Küchenmaschine oder mit einem Stabmixer pürieren.

Den Apfelsaft einrühren und auf niedriger Stufe erhitzen, bis die Suppe heiß ist. Die Sahne einrühren und unter häufigem Rühren 5 Minuten weitererhitzen, bis alles heiß ist. Falls erforderlich noch einmal mit Salz, Pfeffer und Muskatnuss abschmecken.

Die Suppe auf vorgewärmte Schüsseln verteilen und mit Schnittlauch oder Koriander garniert servieren.

Süßigkeit aus der Erde

Süßkartoffeln enthalten mehr Nährstoffe als normale Kartoffeln und haben einen niedrigeren glykämischen Index. Sie halten den Blutzuckerspiegel stabil und eignen sich darum auch für Diabetiker. Außerdem sind sie reich an Betakarotin, Vitamin E, Magnesium und Selen.

Jakobsmuscheln in Knoblauch-Consommé

Pro Portion: 79 kcal 3,7 g Fett 0,4 g ges. Fetts. 7,2 g Eiweiß 4,2 g Kohlenhydrate 0,1 g Ballaststoffe

Dieses außergewöhnliche Rezept bietet sich für einen besonderen Anlass an – auch, wenn Sie sich selbst an einem ungemütlichen Wintertag verwöhnen möchten.

Für 4 Personen

- 1 große Knoblauchknolle (etwa 100 g), in Zehen zerteilt und ungeschält
- 1 Selleriestange, gehackt
- 1 Karotte, gehackt
- 1 Zwiebel, gehackt
- 10 Pfefferkörner
- 5 frische Petersilienstängel
- 225 g große Jakobsmuscheln, ausgelöst
- 1 EL Öl
- Salz und Pfeffer
- frische Korianderblätter, zum Garnieren

So wird's gemacht

Knoblauchzehen, Sellerie, Karotte, Zwiebel, Pfefferkörner, Petersilie und 1¼ Liter Wasser mit 1 Teelöffel Salz in einen großen Topf geben. Aufkochen, die Hitze reduzieren und mit schräg aufliegendem Deckel 35–40 Minuten köcheln.

Die Brühe in einen sauberen Topf seihen, Rückstände aus dem Sieb entsorgen. Mit Salz und Pfeffer abschmecken und warm halten.

Die Muscheln horizontal halbieren. Sehr große Exemplare in drei gleichmäßige Scheiben schneiden. Mit Salz und Pfeffer würzen.

Das Öl in einer Pfanne bei mittlerer Hitze erwärmen und das Muschelfleisch darin 1–2 Minuten anbraten.

Das Muschelfleisch mit der gebräunten Seite nach oben auf vier Tellern anrichten. Heiße Consommé angießen und mit Koriander garniert sofort servieren.

Jakobsmuscheln

Jakobsmuscheln enthalten viel Vitamin B_{12}. Es wird benötigt, um Homocystein zu deaktivieren, einen Stoff, der die Gefäßwände schädigen kann. Außerdem ist nachgewiesen, dass eine gute Versorgung mit Vitamin B_{12} hilft, Darmkrebs vorzubeugen.

Anti-Age

Indische Blumenkohlsuppe mit Linsen

Pro Portion: 234 kcal 6,5 g Fett 1,7 g ges. Fetts. 12,8 g Eiweiß 36,2 g Kohlenhydrate 8,1 g Ballaststoffe

Der bescheidene Blumenkohl kommt zu neuem Ruhm, denn heute ist bekannt, dass er krebsvorbeugend wirkt, die Herzgesundheit fördert und entzündungshemmende Eigenschaften besitzt. Diese Suppe zeigt, dass gesunde Küche preiswert sein kann.

Für 4 Personen

- 1 EL Sonnenblumenöl
- 1 Zwiebel, fein gehackt
- 1 Blumenkohl, in kleine Röschen zerteilt
- 1 TL Koriandersamen, grob zerdrückt
- 1 TL Kreuzkümmelsamen, grob zerdrückt
- 1 TL schwarze Senfkörner
- 1 TL Kurkuma
- 1 l Gemüsebrühe
- 150 g rote Linsen
- ¼ TL Salz
- 1 Msp. Pfeffer
- 4 EL frisch gehackter Koriander

So wird's gemacht

Das Öl in einem Topf erhitzen. Die Zwiebel darin bei mittlerer Temperatur unter gelegentlichem Rühren 5 Minuten weich dünsten. Blumenkohl, Koriander, Kreuzkümmel, Senfkörner und Kurkuma zufügen und gründlich umrühren. 2–3 Minuten braten, bis der Blumenkohl braun zu werden beginnt. Einige Röschen aus dem Topf nehmen und zum Garnieren beiseitelegen.

Die Brühe in den Topf gießen, dann Linsen, Salz und Pfeffer zufügen und alles unter Rühren zum Kochen bringen. Die Temperatur reduzieren und mit aufliegendem Deckel 30–35 Minuten köcheln, bis die Linsen gar sind. Zwischendurch umrühren.

Das Gemüse mit einem Kartoffelstampfer grob zerkleinern. Den gehackten Koriander unterrühren. In vorgewärmte Suppenschalen füllen, die restlichen Blumenkohlröschen darauf anrichten und sofort servieren.

Ramen-Suppe mit Schweinefilet

Pro Portion: 555 kcal   11,8 g Fett   3,2 g ges. Fetts.   44,5 g Eiweiß   68,5 g Kohlenhydrate   4,6 g Ballaststoffe

Diese Suppe mit asiatischer Note wird traditionell mit dünnen Scheiben von saftigem, gegrilltem Schweinefilet angerichtet.

Für 4 Personen

- 1 EL frisch geriebener Ingwer
- 2 EL flüssiger Honig
- 2 EL Sojasauce
- 2 EL Mirin
- 1 TL Sesamöl, plus etwas Öl zum Braten
- 1 TL chinesisches Fünf-Gewürze-Pulver
- 1 Schweinefilet (675 g)
- Bohnen- und Erbsensprossen sowie wachsweich gekochte Eier, zum Garnieren

Suppe

- 1 EL Pflanzenöl
- 1 Zwiebel, gewürfelt
- 3 Knoblauchzehen, fein gehackt
- 1 EL frisch geriebener Ingwer
- 1,5 l Hühnerbrühe
- 225 g frische Shiitake-Pilze, Stiele entfernt, Hüte in dünne Scheiben geschnitten
- ½ TL Steinsalz
- 4 TL salzarme Sojasauce
- 1 EL chinesischer Reiswein
- 1 TL Sesamöl
- 500 g Ramen-Nudeln
- 4 TL Miso-Paste

So wird's gemacht

Ingwer, Honig, Sojasauce, Mirin, Sesamöl und Fünf-Gewürze-Pulver in einer großen Schüssel verrühren. Das Fleisch am Stück hineinlegen und darin wenden. Abgedeckt mindestens 2 Stunden oder über Nacht im Kühlschrank marinieren.

Für die Suppe das Öl in einem großen Topf auf mittlerer bis hoher Stufe erhitzen. Zwiebel, Knoblauch und Ingwer unter Rühren 5 Minuten darin dünsten, bis die Zwiebel weich und glasig ist. Brühe, Pilze, Salz, Sojasauce, Reiswein und Sesamöl zufügen und alles aufkochen. Die Hitze reduzieren und ohne Deckel 30 Minuten köcheln.

Inzwischen den Backofen auf 190 °C vorheizen. Öl in einer Pfanne stark erhitzen. Das Filet darin rundum kräftig anbraten.

Das Fleisch auf ein Backblech legen und 15–20 Minuten im vorgeheizten Ofen backen, bis ein Fleischthermometer im dicksten Teil des Filets 63–68 °C anzeigt. Aus dem Ofen nehmen, locker mit Alufolie abdecken und 5 Minuten ruhen lassen.

Die Suppe wieder zum Kochen bringen und die Nudeln hineingeben. Die Nudeln sollten vollständig mit der Suppe bedeckt sein. 3 Minuten oder nach Packungsanweisung kochen, bis die Nudeln weich sind. Die Miso-Paste einrühren, bis sie vollständig aufgelöst ist.

Das Fleisch in dünne Scheiben schneiden. Die Suppe in Schüsseln geben, pro Portion mehrere Fleischscheiben darauflegen, mit Bohnensprossen, Erbsensprossen und Eiern anrichten und sofort servieren.

Bretonische Fischsuppe

Pro Portion: 401 kcal 24,1 g Fett 14,3 g ges. Fetts. 18,3 g Eiweiß 26,4 g Kohlenhydrate 2,2 g Ballaststoffe

Die rustikale Fischsuppe überzeugt durch die Kombination von frischem Fisch, Kartoffeln, Sahne und Cidre. Da nimmt man gern einen Nachschlag.

Für 4 Personen

- 2 TL Butter
- 1 große Porreestange, in dünne Ringe geschnitten
- 2 Schalotten, fein gehackt
- 125 ml trockener Cidre
- 300 ml Fischfond
- 250 g Kartoffeln, gewürfelt
- 1 Lorbeerblatt
- Salz und Pfeffer
- 4 EL Mehl
- 200 ml Milch
- 200 g Schlagsahne
- 55 g Sauerampfer
- 350 g weißes Fischfilet, z. B. Kabeljau oder Seeteufel, in mundgerechten Stücken
- Baguette, zum Servieren

So wird's gemacht

Die Butter in einem großen Topf bei mittlerer Hitze zerlassen. Porree und Schalotten darin 5 Minuten unter Rühren weich dünsten. Den Cidre zugießen und zum Kochen bringen.

Fischfond, Kartoffeln und Lorbeerblatt zugeben. Etwas salzen und pfeffern. Aufkochen, die Hitze reduzieren, den Deckel auflegen und 10 Minuten sanft kochen. Das Mehl in einer Schüssel mit etwas Milch zu einer Paste verrühren. Weitere Milch zugießen und glatt rühen.

Das angerührte Mehl in die Suppe geben und unter ständigem Rühren 5 Minuten köcheln. Die restliche Milch und die Hälfte der Sahne unterrühren. Weitere 10 Minuten köcheln, bis die Kartoffeln gar sind.

Den Sauerampfer fein hacken und mit der restlichen Sahne vermengen.

Die Sauerampfersahne in die Suppe rühren und den Fisch zugeben. Unter gelegentlichem Rühren 3 Minuten gar ziehen lassen, bis der Seeteufel fest ist oder der Kabeljau zu zerfallen beginnt. Die fertige Suppe mit Salz und Pfeffer abschmecken und das Lorbeerblatt entfernen. Sofort mit Baguette servieren.

Suppe aus Ofengemüse mit Ingwer

Pro Portion: 401 kcal 31,4 g Fett 8,6 g ges. Fetts. 3,8 g Eiweiß 29,6 g Kohlenhydrate 5,3 g Ballaststoffe

Ein Schnörkel Crème fraîche veredelt diese köstliche, gesunde Suppe, die ganz ohne Fleisch auskommt.

Für 4 Personen

- 1 Zwiebel
- ½ Steckrübe
- 1 Süßkartoffel
- 2 Karotten
- 1 Kartoffel
- 5 EL Olivenöl
- 2 EL Tomatenmark
- 1 Msp. Pfeffer
- 2 große Knoblauchzehen, geschält
- 2 EL Erdnussöl
- 2–3 EL frisch geraspelter Ingwer
- 850 ml heiße Gemüsebrühe
- ½ TL Meersalz

Zum Garnieren

- Crème fraîche
- 2 EL frische, grob gehackte glatte Petersilie

So wird's gemacht

Den Backofen auf 190 °C vorheizen. Zwiebel, Steckrübe, Süßkartoffel, Karotten und Kartoffel schälen und in etwa gleich große Stücke schneiden.

Olivenöl, Tomatenmark und Pfeffer in einer großen Schüssel vermischen. Gemüse und Knoblauch darin wenden.

Gemüse und Knoblauch auf einem Backblech verteilen und 20 Minuten im Backofen rösten, bis der Knoblauch weich ist. Den Knoblauch entfernen und beiseitelegen. Das Gemüse weitere 10–15 Minuten rösten.

Inzwischen das Erdnussöl in einer Pfanne stark erhitzen. Den Ingwer darin unter ständigem Rühren 1–2 Minuten braten, dann sofort aus der Pfanne heben und diese mit Küchenpapier auswischen. Den Ingwer beiseitelegen und warm halten.

Knoblauch und Ofengemüse in der Küchenmaschine grob pürieren. Das Püree in einen Topf geben und die Brühe zugießen. Salzen und 1–2 Minuten erhitzen, bis alles durchgewärmt ist.

Die Suppe auf vorgewärmte Schüsseln verteilen und je 1 Esslöffel Crème fraîche zugeben. Mit Ingwer und Petersilie bestreut servieren.

Hühnersuppe mit Kimchi

Seite 92

Pastinakensuppe mit Cashews

Seite 93

Tom yum nuea

Diese aromatische Suppe stammt aus Thailand. Sie duftet verführerisch nach Zitrone und Gewürzen und liefert Energie, ohne zu belasten.

Für 4 Personen

- 1½ EL Sonnenblumenöl
- 1 rote Zwiebel, in dünne Ringe geschnitten
- 3 TL rote Thai-Currypaste
- 1 TL Galgantpaste
- 1 TL Palmzucker
- 2 Kaffir-Limettenblätter, halbiert
- 25 g frisch gehackter Koriander
- 10 g frisch gehacktes Thai-Basilikum
- 850 ml Gemüsebrühe
- 250 g Hüftsteak ohne sichtbares Fett
- 85 g Champignons, in Scheiben geschnitten
- 55 g Zuckererbsen, halbiert
- 115 g Kirschtomaten, halbiert
- ½ rote Paprika, in Streifen geschnitten
- 1 Limette, in Spalten geschnitten

So wird's gemacht

1 Esslöffel Öl in einem Topf erhitzen. Die Zwiebel darin bei mittlerer Temperatur 5 Minuten weich dünsten. Currypaste, Galgant und Palmzucker einrühren, dann Kaffir-Limettenblätter, Koriander, Thai-Basilikum und Brühe zufügen. Zum Kochen bringen, dann mit aufliegendem Deckel 5 Minuten köcheln.

Eine Pfanne ohne Fett stark erhitzen. Das Fleisch mit dem restlichen Öl bestreichen und von jeder Seite 2 Minuten bzw. bis zum gewünschten Gargrad braten.

Pilze, Zuckererbsen, Tomaten und Paprika in die Suppe geben und 3 Minuten mitgaren. In vorgewärmte Suppenschalen füllen. Das Fleisch in dünne Streifen schneiden und auf der Suppe anrichten. Sofort servieren und Limettenspalten zum Beträufeln dazu reichen.

Pro Portion: 174 kcal 8,9 g Fett 2,1 g ges. Fetts. 16,5 g Eiweiß 9,8 g Kohlenhydrate 1,8 g Ballaststoffe

Miso-Suppe mit Pute

Pro Portion: 330 kcal 10,5 g Fett 3,2 g ges. Fetts. 27,4 g Eiweiß 33,9 g Kohlenhydrate 4,5 g Ballaststoffe

Die aromatische Suppe bekommt ihr besonderes Aroma durch Miso-Paste. Sie ist ideal, um sich an nasskalten Wintertagen aufzuwärmen.

Für 4 Personen

- 225 g frische Udon-Nudeln
- 1 EL Pflanzenöl
- 1 kleine Porreestange, weiße und hellgrüne Teile, längs halbiert und gehackt
- 2,4 l Putenbrühe, ersatzweise Hühnerbrühe
- 3 Karotten, in Scheiben geschnitten
- 1 TL weißer Pfeffer
- 225 g Zuckererbsen, halbiert
- 280 g gekochtes Putenfleisch, in mundgerechte Stücke zerkleinert
- 4 EL helle Miso-Paste

So wird's gemacht

Die Nudeln nach Packungsanweisung garen.

Das Öl in einem Topf auf mittlerer Stufe erhitzen. Den Porree darin unter häufigem Rühren 3 Minuten weich dünsten. Brühe, Karotten und Pfeffer zufügen und zum Kochen bringen. Die Hitze reduzieren und die Suppe 15 Minuten köcheln, bis die Karotten gerade weich sind.

Zuckererbsen, Putenfleisch und gekochte Nudeln zufügen und 2–3 Minuten durchwärmen. Die Miso-Paste einrühren, bis sie sich aufgelöst hat. Nach Bedarf nachwürzen.

Die Suppe auf vorgewärmte Schüsseln verteilen und sofort servieren.

Perfekte Pute

Putenfleisch ist eine proteinreiche Alternative zu Huhn. Vor allem das dunklere Fleisch aus den Keulen hat einen kräftigeren Geschmack und enthält deutlich mehr Eisen als helle Putenbrust, Hühner- oder Schweinefleisch.

Hühnersuppe mit Gemüse

Pro Portion: 263 kcal 5,6 g Fett 1,9 g ges. Fetts. 17,9 g Eiweiß 37,9 g Kohlenhydrate 6,5 g Ballaststoffe

Eine klassische Hühnersuppe mit Gemüse duftet unwiderstehlich gut und eignet sich hervorragend als leichtes, warmes Abendessen.

Für 4 Personen

- 1 Zwiebel, fein gehackt
- 1 Knoblauchzehe, fein gehackt
- 115 g Weißkohl, geraspelt
- 2 Karotten, fein gehackt
- 4 Kartoffeln, gewürfelt
- 1 grüne Paprika, gewürfelt
- 400 g gehackte Tomaten aus der Dose
- 1,3 l Hühnerbrühe
- 175 g gekochtes Hühnerfleisch, gewürfelt
- Salz und Pfeffer
- frisch gehackte glatte Petersilie, zum Garnieren

So wird's gemacht

Alle Zutaten bis auf das Hühnerfleisch und die Petersilie in einem großen Topf zum Kochen bringen. Die Hitze reduzieren und 1 Stunde köcheln.

Das Hühnerfleisch zufügen und 10 Minuten durchwärmen. Mit Salz und Pfeffer abschmecken.

Mit Petersilie garniert servieren.

Nicht nur für Hasen

Karotten sind außergewöhnlich reich an Antioxidantien und Karotin, dem sie ihre leuchtende Farbe verdanken. Beide Stoffe beugen Herz-Kreislauf-Erkrankungen und Krebs vor, fördern die Augengesundheit und halten die Lunge gesund.

Manhattan Clam Chowder

Pro Portion: 322 kcal 9,1 g Fett 3,1 g ges. Fetts. 21,7 g Eiweiß 32,4 g Kohlenhydrate 4,7 g Ballaststoffe

Die relativ klare Brühe dieser Fischsuppe bekommt durch Tomaten eine schöne Farbe und einen fruchtigen Geschmack.

Für 4 Personen

- 1 TL Sonnenblumenöl
- 120 g gepökeltes Schweinefleisch oder ungeräucherter Speck, gewürfelt
- 1 Zwiebel, fein gehackt
- 2 Selleriestangen, gehackt
- 4 Tomaten, gehäutet, entkernt und gehackt
- 3 Kartoffeln, gewürfelt
- 1 Prise getrockneter Thymian
- 3 EL frisch gehackte Petersilie
- 150 ml Tomatensaft
- 600 ml Gemüsebrühe
- 36 Venusmuscheln
- 150 ml trockener Weißwein
- Salz und Pfeffer
- knuspriges Brot, zum Servieren

So wird's gemacht

Das Öl in einem Topf erhitzen. Das Fleisch darin bei mittlerer Hitze unter häufigem Rühren 6–8 Minuten leicht anbräunen. Mit einem Schaumlöffel aus dem Topf heben.

Zwiebel und Sellerie in den noch fettigen Topf geben und bei schwacher Hitze unter gelegentlichem Rühren 5 Minuten dünsten. Tomaten, Kartoffeln, Thymian und Petersilie dazugeben.

Das angebratene Fleisch in den Topf geben, dann Tomatensaft und Gemüsebrühe zugießen. Mit Salz und Pfeffer abschmecken. Unter Rühren aufkochen, die Hitze reduzieren und die Suppe mit aufliegendem Deckel 15–20 Minuten köcheln, bis die Kartoffeln gar sind.

In der Zwischenzeit die Muscheln unter fließend kaltem Wasser abbürsten. Alle beschädigten Exemplare sowie solche, die sich beim Antippen nicht sofort schließen, wegwerfen. Die restlichen Muscheln mit dem Wein in einen Topf geben und mit aufliegendem Deckel 4–5 Minuten sprudelnd kochen, bis die Muscheln sich öffnen. Dabei den Topf gelegentlich rütteln.

Die Muscheln herausheben und leicht abkühlen lassen. Nicht geöffnete Muscheln wegwerfen. Den Kochsud durch ein Haarsieb in die Suppe gießen.

Die geöffneten Muscheln auslösen, in die Suppe geben und unter Rühren 2–3 Minuten durchwärmen. Bei Bedarf erneut abschmecken, dann in Suppenschalen geben und sofort mit Brot servieren.

Italienische Hühnersuppe mit Parmesan
Seite 104
Paprikatopf mit Lamm
Seite 105

Bunte Asiasuppe mit Garnelen

Zutaten in starken Farben machen diese Suppe zu einer Augenweide. Obendrein ist sie fettarm, proteinreich und stärkt mit Vitaminen und Mineralien das Immunsystem.

Für 4 Personen

- 1 l Gemüsebrühe
- 1 EL schwarze Bohnenpaste
- 25 g frischer Ingwer, fein gehackt
- 1 Kaffir-Limettenblatt
- 4 Frühlingszwiebeln, in dünne Ringe geschnitten
- 2 TL Tamari
- 2 TL flüssiger Honig
- 250 g gegarte Riesengarnelen ohne Schale (TK), aufgetaut, abgespült und abgetropft
- 115 g Edamame (TK)
- 115 g Minimaiskolben, in Stücke geschnitten
- 70 g rotstieliger Mangold
- 20 g frisch gehackter Koriander
- 2 TL helle Sesamsaat, geröstet

So wird's gemacht

Die Brühe mit Bohnenpaste, Ingwer, Kaffir-Limettenblatt und Frühlingszwiebeln in einen mittelgroßen Topf geben. Tamari und Honig einrühren, aufkochen, dann mit aufliegendem Deckel 5 Minuten dünsten.

Garnelen und Bohnen zufügen und 3 Minuten mitgaren. Maiskolben und Mangold zugeben und 2 Minuten garen, bis der Mangold zusammengefallen ist und die Garnelen heiß sind.

Den Koriander einrühren. In vorgewärmte Suppenschalen füllen, mit Sesam bestreuen und sofort servieren.

Pro Portion: 169 kcal 4,7 g Fett 1,4 g ges. Fetts. 21,3 g Eiweiß 11,7 g Kohlenhydrate 3,3 g Ballaststoffe

Pilz-Knoblauch-Suppe mit Vollkorn-Croûtons

Pro Portion: 217 kcal 8,5 g Fett 2 g ges. Fetts. 10,8 g Eiweiß 30,4 g Kohlenhydrate 5,5 g Ballaststoffe

Die Suppe mit den großen, fleischigen Pilzen ist ein Geheimtipp, wenn Sie hungrig sind, aber Lust auf eine vegetarische Mahlzeit haben.

Für 1 Person

* 2 große Champignons
* 2 Knoblauchzehen, geschält
* 1 Scheibe Weizenvollkornbrot, in kleinen Würfeln
* 5 ml natives Olivenöl extra
* 10 g getrocknete Steinpilze
* 250 ml Gemüsebrühe
* 1 TL frische Thymianblätter
* 5 ml vegetarische Worcestersauce
* 1 TL Crème légère (nach Belieben)
* Salz und frisch gemahlener schwarzer Pfeffer
* frische Thymianzweige, zum Garnieren

So wird's gemacht

Den Backofen auf 180°C vorheizen. Champignons und Knoblauch locker in Alufolie einschlagen und 10 Minuten im Ofen backen. Dann die Alufolie zu Schalen öffnen und weitere 5 Minuten backen.

Für die Croûtons die Brotwürfel auf einem Backblech mit Olivenöl beträufeln und 10–15 Minuten im Ofen goldbraun rösten.

Inzwischen Steinpilze, Brühe und Thymian in einen Topf mit Deckel geben.

Wenn die Champignons gar sind, aus dem Ofen nehmen, auswickeln – dabei den Sud auffangen – und in Scheiben schneiden. Mit gebackenem Knoblauch, Worcestersauce und Champignonsud in den Topf geben. Alles mit aufliegendem Deckel 15 Minuten bei niedriger Hitze köcheln.

Leicht abkühlen lassen und die Hälfte der Suppe in einer Küchenmaschine fein pürieren. Wieder in den Topf füllen und sanft erwärmen. Nach Geschmack die Crème légère einrühren und mit Salz und Pfeffer abschmecken. In eine Suppenschale füllen, mit Croûtons und Thymianzweigen garniert servieren.

Hühnersuppe mit Reis & Zitrone

Pro Portion: 345 kcal   8,3 g Fett   2,3 g ges. Fetts.   32,5 g Eiweiß   35,6 g Kohlenhydrate   4,1 g Ballaststoffe

Die ausgewogene Kombination der Zutaten verleiht dieser Suppe ein wunderbares Aroma. Wer mag, bestreut sie mit Parmesan – es geht aber auch ohne.

Für 4 Personen

* 1 Zwiebel
* 1 Porreestange
* 1 Knoblauchzehe
* 1 EL Pflanzenöl
* fein abgeriebene Schale und Saft von ½ Bio-Zitrone
* 100 g Basmati-Reis
* 1 l Hühnerbrühe
* 2 gegarte Hähnchenbrustfilets
* 100 g frischer Spinat
* 175 g TK-Erbsen
* Salz und Pfeffer
* 4 EL frisch gehackte glatte Petersilie
* Parmesan, zum Garnieren

So wird's gemacht

Zwiebel und Porree fein hacken und die Knoblauchzehe zerdrücken. Das Öl in einem großen Topf auf mittlerer Stufe erhitzen. Zwiebel und Porree darin 4–5 Minuten dünsten, bis sie weich werden. Zitronenschale und Knoblauch in den Topf geben und 1–2 Minuten dünsten.

Reis und Brühe zufügen und aufkochen. Den Deckel auflegen und 8 Minuten köcheln. Die Hähnchenbrust klein schneiden, mit Spinat und Erbsen in den Topf geben und alles mit Salz und Pfeffer abschmecken. 4 Minuten kochen, bis Reis und Erbsen gar sind.

Zitronensaft und Petersilie einrühren und alles in vorgewärmte Suppenschalen füllen. Mit Parmesanspänen bestreuen und sofort servieren.

Multitalent Zitrone

Alle Teile der Zitrone enthalten wertvolle Nährstoffe und Antioxidantien. Besonders hoch ist der Vitamin-C-Gehalt. Das Antioxidans Limonen soll Brustkrebs und anderen Krebsarten vorbeugen und das schädliche LDL-Cholesterin reduzieren. Zitronen enthalten außerdem Rutin, das die Venen stärkt.

Blumenkohl

Blumenkohl war lange in Vergessenheit geraten, erlebt aber jetzt eine Renaissance. Er ist mit Grünkohl, Brokkoli und anderen Kreuzblütlern verwandt. Weißer Blumenkohl hat einen mild-nussigen Geschmack. Er ist reich an Antioxidantien und Phytowirkstoffen, die zur Krebsvorbeugung beitragen. Außerdem enthält er Mineralstoffe und B-Vitamine, darunter Cholin, das Lernvermögen und Gedächtnis unterstützt, Vitamin C für das Immunsystem und Vitamin K, das wichtig für Blutgerinnung und Herzgesundheit ist und die Knochen stärken soll. Weil Blumenkohl kalorienarm ist, dürfen die Portionen üppig sein. Er schmeckt auch roh oder kann als Zutat für Suppen, Eintöpfe und Currys verwendet werden.

Detox

Miso-Suppe

Pro Portion: 71 kcal 2,4 g Fett 0,4 g ges. Fetts. 5,2 g Eiweiß 7,1 g Kohlenhydrate 0,7 g Ballaststoffe

Miso ist eine traditionelle japanische Würzzutat. Diese Suppe ist schnell und einfach vorbereitet, sodass einer gesunden Ernährung nichts mehr im Weg steht.

Für 4 Personen

* 2 TL Dashi-Pulver
* 175 g Seidentofu, in mundgerechte Stücke geschnitten
* 4 Shiitake-Pilze, in feine Scheiben geschnitten
* 4 EL Miso-Paste
* 2 Frühlingszwiebeln, gehackt

So wird's gemacht

1 Liter Wasser und das Dashi-Pulver in einen Topf geben und zum Kochen bringen. Tofu und Pilze dazugeben, die Hitze reduzieren und 3 Minuten köcheln.

Die Miso-Paste einrühren, bis sie sich komplett aufgelöst hat, dabei weiterköcheln.

Die Frühlingszwiebeln dazugeben und sofort in vorgewärmten Schalen servieren.

Miso

Miso ist so gesund, weil es die gesunde Darmflora stärkt. Es fördert außerdem die Ausscheidung von Giftstoffen und verbessert die Aufnahme von Nährstoffen. All das bewirkt, dass es zu einem jugendlichen, gesunden Aussehen beiträgt.

Erbsen-Brokkoli-Suppe mit Weizengras
Seite 120
Rettichsuppe mit Wasabi
Seite 121

Asiatische Pilzsuppe mit Algen

Getrocknete Algen enthalten die Vitamine A und K, Folsäure, Magnesium und Kalzium, vor allem aber zehnmal so viel Jod wie jedes andere Lebensmittel.

Für 4 Personen

- 5-cm-Stück getrockneter Kombu (Algen)
- 850 ml Gemüsebrühe
- 1 EL Reiskeimöl
- 115 g Shiitake-Pilze, in Scheiben geschnitten
- 85 g zartes Porreegrün, in dünne Ringe geschnitten
- 25 g frischer Ingwer, in dünne Streifen geschnitten
- 10 g getrocknete Dulse-Algen, in schmale Streifen geschnitten
- 55 g Grünkohl, in schmale Streifen geschnitten
- 25 g frisch gehackter Koriander
- 1 EL brauner Reisessig
- 2 TL Tamari

So wird's gemacht

Den Kombu mit 300 ml Brühe in einer Schüssel 20 Minuten einweichen.

Das Öl in einem Topf erhitzen. Pilze und Porree darin bei mittlerer Temperatur unter Rühren 5 Minuten dünsten.

Kombu samt Einweichflüssigkeit zugeben, dann die restliche Brühe und den Ingwer unterrühren. Aufkochen und mit aufliegendem Deckel 5 Minuten köcheln.

Algen, Grünkohl, Koriander, Essig und Tamari einrühren. 5 Minuten leicht köcheln. Den Kombu aus dem Topf nehmen. Die Suppe auf vorgewärmte Schalen verteilen und sofort servieren.

Pro Portion: 93 kcal 5,1 g Fett 1,5 g ges. Fetts. 3 g Eiweiß 11,8 g Kohlenhydrate 3,1 g Ballaststoffe

Pikante Linsensuppe

Pro Portion: 289 kcal   8 g Fett   1,4 g ges. Fetts.   14 g Eiweiß   42,4 g Kohlenhydrate   10,2 g Ballaststoffe

Linsen lassen sich einfacher und schneller zubereiten als viele andere Hülsenfrüchte, weil sie nicht eingeweicht werden müssen.

Für 4 Personen

- 250 g gelbe oder rote Linsen
- 1 TL Paprikapulver
- ½ TL Chilipulver
- ½ TL gemahlene Kurkuma
- 2 EL Ghee, ersatzweise Butterschmalz
- 1 frischer grüner Chili, entkernt und fein gehackt
- 1 TL Kreuzkümmelsamen
- 3 Curryblätter, grob zerkleinert
- 1 TL Zucker
- Salz
- 1 TL Garam masala, zum Bestreuen

So wird's gemacht

1 Liter Wasser in einem großen Topf mit schwerem Boden zum Kochen bringen. Die Linsen zufügen und unter gelegentlichem Rühren 25 Minuten köcheln.

Paprika- und Chilipulver sowie Kurkuma einrühren. Abgedeckt weitere 10 Minuten köcheln, bis die Linsen gar sind.

Inzwischen Ghee in einer kleinen Pfanne erhitzen. Chili, Kreuzkümmel und Curryblätter darin unter ständigem Rühren 1 Minute anbraten.

Die Gewürze zu den Linsen geben, den Zucker einrühren und mit Salz abschmecken. In vorgewärmte Suppenschalen füllen, mit Garam masala bestreuen und sofort servieren.

Leckere Linsen

Linsen sind reich an löslichen und unlöslichen Ballaststoffen, die vor Krebs und Herz-Kreislauf-Erkrankungen schützen. Sie enthalten außerdem B-Vitamine, Folsäure und alle wichtigen Mineralstoffe, vor allem Eisen und Zink.

Kürbissuppe mit weißen Bohnen

Pro Portion: 134 kcal 3,2 g Fett 1,1 g ges. Fetts. 7,2 g Eiweiß 20,2 g Kohlenhydrate 6,3 g Ballaststoffe

Dies ist die ideale Suppe für kalte Wintertage: Sie schmeckt herrlich, wärmt gut durch und sättigt anhaltend.

Für 4 Personen

* 1 TL Olivenöl
* 1 rote Zwiebel, gehackt
* 2 Knoblauchzehen, zerdrückt
* 450 g Kürbisfruchtfleisch, gewürfelt
* 2 TL geräuchertes Paprikapulver (Pimenton)
* ¼ TL getrocknete Chiliflocken
* 5–6 frische Salbeiblätter, fein gehackt
* 850 ml glutenfreie Gemüsebrühe
* 400 g weiße Bohnen aus der Dose, abgetropft und abgespült
* Salz und Pfeffer
* 2 EL frisch gehackte glatte Petersilie, zum Garnieren

So wird's gemacht

Das Öl in einem Topf erhitzen. Zwiebel und Knoblauch darin 3–4 Minuten anbraten. Den Kürbis zufügen und 4–5 Minuten mitbraten.

Paprikapulver, Chiliflocken und Salbei zugeben und unter ständigem Rühren 1 Minute mitbraten.

Die Brühe zugießen und mit Salz und Pfeffer abschmecken. Abgedeckt 20–25 Minuten köcheln, bis der Kürbis gar ist. Die Suppe etwas abkühlen lassen, dann mit einem Stabmixer glatt pürieren.

Die Bohnen einrühren und 2–3 Minuten durchwärmen. In vorgewärmte Suppenschalen füllen, mit Petersilie bestreuen und sofort servieren.

Superkraut Salbei

Salbei ist außergewöhnlich reich an Antioxidantien. Ihr ORAC-Wert liegt bei 32 004 (frisch) oder 119 929 (getrocknet). Sie neutralisiert freie Radikale, die am Alterungsprozess beteiligt sind, bevor diese den Zellen schaden können.

Grüne Supersuppe

Pro Portion: 26 kcal 0,2 g Fett Spuren von ges. Fetts. 0,9 g Eiweiß 3,4 g Kohlenhydrate 1,3 g Ballaststoffe

Diese belebende Suppe ist eine willkommene Erfrischung an heißen Sommertagen.

Für 2 Personen

- 180 g Salatgurke
- 2 Selleriestangen
- 2 EL frisch gehackte Petersilie, plus einige Blättchen zum Garnieren
- 2 EL frisch gehackte Minze
- 2 EL frisch gehackter Koriander
- 250 ml Eiswasser

So wird's gemacht

Gurke und Sellerie grob zerkleinern. Mit Petersilie, Minze, Koriander und Wasser in der Küchenmaschine oder im Standmixer glatt pürieren.

Sofort mit Petersilienblättchen garniert servieren. Alternativ im Kühlschrank aufbewahren und vor dem Servieren noch einmal umrühren.

Cooles Gemüse: Gurke

Studien legen nahe, dass Gurke zu Aufbau und Erhaltung von Bindegewebe, Bändern und Knorpel beiträgt. Das liegt vor allem an ihrem hohen Gehalt an Siliziumdioxid, einem wesentlichen Bestandteil von Geweben, Knochen und Muskeln.

Pikante Linsen-Karotten-Suppe

Pro Portion: 322 kcal 12,8 g Fett 4,2 g ges. Fetts. 13,1 g Eiweiß 43,1 g Kohlenhydrate 7,4 g Ballaststoffe

Karotten und Linsen sind ein tolles Team: Der nussige Geschmack der Linsen ergänzt die Süße der Karotten optimal.

Für 4 Personen

- 125 g rote Linsen
- 1,2 l Gemüsebrühe
- 350 g Karotten, in Scheiben geschnitten
- 2 Zwiebeln, gehackt
- 225 g gehackte Tomaten aus der Dose
- 2 Knoblauchzehen, gehackt
- 2 EL Ghee, ersatzweise Butterschmalz
- 1 TL gemahlener Kreuzkümmel
- 1 TL gemahlener Koriander
- 1 frischer grüner Chili, entkernt und gehackt
- ½ TL gemahlene Kurkuma
- 1 EL Zitronensaft
- 300 ml Milch
- Salz und Pfeffer
- 2 EL frisch gehackter Koriander
- Naturjoghurt, zum Garnieren

So wird's gemacht

Linsen, 900 ml Brühe, Karotten, Zwiebeln, Tomaten und Knoblauch in einen großen Topf geben und zum Kochen bringen. Die Hitze reduzieren, den Deckel auflegen und 30 Minuten köcheln, bis Linsen und Gemüse weich sind.

In der Zwischenzeit Ghee in einem kleinen Topf erhitzen. Kreuzkümmel, Koriander, Chili und Kurkuma zufügen und 1 Minute rösten, bis die Gewürze duften. Den Topf vom Herd nehmen und den Zitronensaft einrühren. Salzen und beiseitestellen.

Die Suppe vom Herd nehmen und etwas abkühlen lassen. Portionsweise in der Küchenmaschine oder im Standmixer pürieren. Die Suppe zurück in den ausgespülten Topf geben. Die Gewürzmischung und die restliche Brühe einrühren und alles 10 Minuten bei geringer Hitze durchwärmen.

Die Milch zugießen, gut verrühren und alles mit Salz und Pfeffer abschmecken. Den frischen Koriander unterrühren und die Suppe erneut sanft erhitzen. Auf Suppenschalen verteilen, mit etwas Naturjoghurt garnieren und sofort servieren.

Thai-Gemüsesuppe

Pro Portion: 207 kcal 2,8 g Fett 1,6 g ges. Fetts. 5,8 g Eiweiß 42,6 g Kohlenhydrate 4,2 g Ballaststoffe

Diese köstliche Suppe mit Nudeln und viel Gemüse kann man mit Stäbchen essen und die Brühe dann trinken. Sie schmeckt aber auch mit Löffel und Gabel.

Für 4 Personen

- 1,5 l Gemüsebrühe
- 2 EL Tamari
- 2 Knoblauchzehen, in dünne Scheiben geschnitten
- 2,5-cm-Stück Ingwer, in dünne Scheiben geschnitten
- 1 Zimtstange
- 1 Lorbeerblatt
- 1 Karotte, in dünne Stifte geschnitten
- 1 kleine Fenchelknolle, in dünne Scheiben geschnitten
- 150 g Reis-Vermicelli
- 85 g Champignons, in Scheiben geschnitten
- 115 g Bohnensprossen
- 4 Frühlingszwiebeln, schräg in dünne Ringe geschnitten
- 3 EL frisch gehackter Koriander
- frisches Basilikum, gehackte rote Chilis, Limettenspalten und Tamari, zum Servieren

So wird's gemacht

Die Brühe mit Tamari, Knoblauch, Ingwer, Zimt und Lorbeerblatt in einem großen Topf zum Kochen bringen. Die Temperatur reduzieren und mit aufliegendem Deckel 20 Minuten köcheln.

Karotte und Fenchel zugeben und 1 Minute mitkochen. Die Nudeln zugeben und 4 Minuten mitgaren.

Pilze, Sojabohnensprossen und Frühlingszwiebeln zufügen und wieder zum Kochen bringen.

Das Lorbeerblatt entfernen, dann die Suppe in vorgewärmte Schalen füllen. Mit Koriander bestreuen und sofort servieren. Basilikumblätter, Chilis, Limetten und Tamari dazu reichen.

Sprossen für die schlanke Linie

Bohnensprossen sind gut für die Figur, weil sie kaum Kalorien, aber viele Ballaststoffe enthalten. Sie sind außerdem reich an Pantothensäure. Diese gehört zu den B-Vitaminen und kann hilfreich bei Depressionen sein.

Rucolasuppe

Pro Portion: 420 kcal 41,7 g Fett 25,7 g ges. Fetts. 5,9 g Eiweiß 14,1 g Kohlenhydrate 7,8 g Ballaststoffe

Der pikante Geschmack von Rucola und Senf wird in dieser cremigen Suppe durch Avocado und Kokosmilch abgemildert.

Für 1 Person

* 20 g Rucola, plus ein paar Blätter zum Garnieren
* 20 g Senfblätter
* 200 ml Eiswasser
* Fruchtfleisch von ½ Avocado
* 125 ml Kokosmilch

So wird's gemacht

Rucola, Senfblätter und Wasser in einem Mixer glatt pürieren.

Avocado und Kokosmilch zufügen und alles glatt und cremig mixen.

Sofort servieren oder im Kühlschrank aufbewahren. Vor dem Servieren noch einmal gut umrühren und mit etwas Rucola garnieren.

Rucola: Bitte wild!

Blätter von wildem Rucola sind reich an Karotin und enthalten außerdem Lutein und Zeaxanthin, die der Augengesundheit nützen. Ein weiterer Inhaltsstoff sind Indole, die vor Darmkrebs schützen sollen.

Klare Brühe mit Ingwer
Seite 138
Rote Brühe mit Cranberrys
Seite 139

Detoxbrühe mit Sellerie

Die klare Brühe schmeckt nicht nur angenehm, sie beruhigt einen nervösen Magen, regt die Verdauung an und lindert Völlegefühl. Sie ist reich an Antioxidantien und kann, um den Vitamin-C-Gehalt zu erhöhen, mit einem Spritzer Zitronensaft gewürzt werden.

Für 4 Personen

* 1 Hähnchenkarkasse
* 9 Selleriestangen mit Blättern, davon 5 in dicke Scheiben geschnitten
* 175 g Porree, in dicke Ringe geschnitten
* 120 g Karotten, in dicke Scheiben geschnitten
* 25 g frische Petersilienstängel
* Salz und Pfeffer

So wird's gemacht

Die Karkasse durchbrechen und in einem mittelgroßen Topf mit 1,5 Litern Wasser bedecken. Selleriescheiben, Porree, Karotten und Petersilie zugeben und unter Rühren zum Kochen bringen. Abgedeckt 1½ Stunden köcheln lassen.

Die Brühe durch ein feines Sieb in einen Messbecher gießen. Mit Salz und Pfeffer abschmecken, dann in vorgewärmte Becher oder Thermogläser füllen. Die ganzen Selleriestangen hineinstellen und sofort servieren.

Pro Portion: 21 kcal 0,7 g Fett 0,1 g ges. Fetts. 1 g Eiweiß 3,9 g Kohlenhydrate 0,9 g Ballaststoffe

Algen

Algen haben eine sehr hohe Nährstoffdichte, Sie brauchen also nur wenig. Dulse-Algen sind rötlich und werden getrocknet angeboten. Nach dem Einweichen können sie für Suppen oder Salate verwendet werden. Nori ist wohl die bekannteste Algenart. Kaufen Sie möglichst ungeröstete Blätter, die für Sushi verwendet oder zerbröselt und über Suppen und Salate gestreut werden können. Arame heißt ein schwärzlicher, fadenförmiger Tang. Er muss in kaltem Wasser eingeweicht werden. Kombu wird ebenfalls eingeweicht, aber man verwendet nur die Einweichflüssigkeit, den Tang selbst nicht.

Algen enthalten krebsvorbeugende Lignane sowie Kalzium für starke Knochen. Sie wirken basenbildend und enthalten viel entgiftendes Chlorophyll. Besonders bekannt sind sie für den hohen Jodgehalt: Sie regen die Schilddrüse an und regulieren so den Stoffwechsel.

Melonen-Gurken-Kaltschale

Pro Portion: 192 kcal 0,9 g Fett 0,2 g ges. Fetts. 4 g Eiweiß 46,6 g Kohlenhydrate 5,2 g Ballaststoffe

Anders als Wintersuppen, die von innen wärmen sollen, kühlt diese Suppe und ist deshalb perfekt für einen heißen Sommertag.

Für 1 Person

* 300 g Zuckermelonenfruchtfleisch
* 250 g Salatgurke
* 4 EL frisch gehackte Minze, plus etwas zum Garnieren
* 200 ml kaltes Kokoswasser

So wird's gemacht

Melone und Gurke grob zerkleinern und in einen Mixer geben.

Minze und Kokoswasser zufügen und alle Zutaten fein pürieren.

Sofort servieren oder in den Kühlschrank stellen und vor dem Servieren noch einmal gut durchrühren. Nach Belieben mit Minze garnieren.

Melonenmagie

Melonen fördern mit ihrem Wassergehalt von 98 % die gesunde Nierenfunktion. Alle Melonenarten sind reich an Vitamin B_6, Kalium und löslichen Ballaststoffen.

Japanische klare Brühe

Pro Portion: 112 kcal 1,4 g Fett 0,7 g ges. Fetts. 1,4 g Eiweiß 17,4 g Kohlenhydrate 0,8 g Ballaststoffe

Dies ist eine leichte, elegante Suppe, deren Einlage Sie variieren können: von Zwiebeln oder Pilzen bis zu proteinreichen Garnelen.

Für 4 Personen

* 1 l Hühnerbrühe
* 125 ml Mirin
* 1 EL Shoyu
* 4 Shiitake-Pilze, in dünne Scheiben geschnitten
* 50 g Karotten, in sehr dünne Scheiben geschnitten
* 4 Halme Schnittlauch, jeder zur Hälfte gefaltet und verknotet
* 4 dünne Zitronenscheiben

So wird's gemacht

Die Hühnerbrühe in einem großen Topf zum Kochen bringen.

Mirin und Shoyu einrühren, dann die Temperatur reduzieren und die Suppe 2 Minuten köcheln.

Pilze und Karotten zugeben und weitere 2 Minuten köcheln.

Die Suppe in vier vorgewärmte Schalen füllen. In jede einen geknoteten Halm Schnittlauch und eine Zitronenscheibe legen. Sofort servieren.

Schnittlauch

Schnittlauch beeinflusst den Kreislauf positiv, wirkt leicht anregend und besitzt harntreibende und antiseptische Eigenschaften. Er ist reich an Vitamin A und C sowie an Kalzium und Eisen.

Zum Auftanken

Kürbis-Bohnen-Suppe mit Biss

Pro Portion: 302 kcal 5,7 g Fett 1,5 g ges. Fetts. 16,9 g Eiweiß 52 g Kohlenhydrate 11,8 g Ballaststoffe

Getrocknete Bohnen sind preiswert, aber reich an komplexen Kohlenhydraten, B-Vitaminen, Mineralien und Proteinen. Außerdem beeinflussen sie den Cholesterinspiegel günstig. Grund genug, immer welche vorrätig zu haben.

Für 4 Personen

* 55 g getrocknete Azukibohnen
* 55 g getrocknete Pintobohnen
* 55 g getrocknete schwarze Bohnen
* 1 EL Olivenöl
* 1 Zwiebel, gehackt
* 2 Knoblauchzehen, fein gehackt
* 450 g Fruchtfleisch vom Butternusskürbis, gewürfelt
* 450 g Tomaten, geschält und gewürfelt
* 1 TL Fenchelsamen
* ½ TL scharfes geräuchertes Paprikapulver (Pimentón)
* 850 ml Gemüsebrühe
* 70 g Grünkohl, in schmale Streifen geschnitten
* 200 g kleine Blumenkohlröschen
* 150 g fettarmer Naturjoghurt
* 1 Knoblauchzehe, fein gehackt
* 2 EL frisch gehacktes Basilikum
* Salz und Pfeffer

So wird's gemacht

Alle drei Bohnensorten in eine Schüssel geben, mit Wasser bedecken und über Nacht einweichen.

Die Bohnen abtropfen lassen, in einem Topf mit kaltem Wasser bedecken und zum Kochen bringen. 10 Minuten sprudelnd kochen, dann 20 Minuten sanft köcheln.

Inzwischen das Öl in einem anderen großen Topf erhitzen. Die Zwiebel darin bei mittlerer Temperatur unter Rühren 5 Minuten hell bräunen. Knoblauch, Kürbis und Tomaten einrühren. Fenchelsamen, Paprikapulver und Brühe zufügen und unter Rühren zum Kochen bringen. Abgedeckt 20 Minuten köcheln.

Die Bohnen abgießen und in den Topf zum Gemüse geben. Mit aufliegendem Deckel 15 Minuten garen. Grünkohl und Blumenkohl zufügen und ebenfalls mit aufliegendem Deckel weitere 5 Minuten bissfest garen. Mit Salz und Pfeffer abschmecken.

Den Joghurt mit Knoblauch und Basilikum verrühren. Die Suppe auf vorgewärmte Suppenteller verteilen. Den Kräuterjoghurt dazu reichen.

Schottische Brühsuppe

Pro Portion: 326 kcal 11 g Fett 4,2 g ges. Fetts. 25,8 g Eiweiß 31,7 g Kohlenhydrate 5,3 g Ballaststoffe

Aus Knochen gekochte Brühe ist mineralstoffreich und enthält Gelatine und Aminosäuren. Es wird vermutet, dass Gelatine die Heilung der Darmschleimhaut fördert und dadurch die Aufnahme von Nährstoffen aus der Nahrung verbessert.

Für 4 Personen

* 300 g mageres Rindersuppenfleisch , sichtbares Fett entfernt, klein gewürfelt
* 55 g geschroteter Hafer
* 225 g Karotten, gewürfelt
* 225 g Mairübchen, gewürfelt
* 150 g Porree, in Ringe geschnitten
* 3 EL frisch gehackte Petersilie
* Salz

Brühe

* 2 kg Rinderknochen, in große Stücke gehackt
* 2 Zwiebeln, grob zerteilt
* 175 g Porree, in dicke Ringe geschnitten
* 225 g Karotten, in dicke Scheiben geschnitten
* 3 Selleriestangen, in dicke Scheiben geschnitten
* 1 Bouquet garni, frisch oder getrocknet
* 1 TL schwarze Pfefferkörner, grob zerdrückt

So wird's gemacht

Den Backofen auf 220 °C vorheizen. Die Knochen in einen großen Bräter legen und im vorgeheizten Ofen 30 Minuten rösten, bis sie zu bräunen beginnen. Wenden, dann Zwiebeln, Porree, Karotten und Sellerie zugeben. Weitere 30 Minuten rösten, bis die Knochen braun sind und das Gemüse Farbe annimmt.

Knochen und Gemüse mit einem Schaumlöffel aus dem Bräter heben, dabei das Fett gut abtropfen lassen. In einen großen Topf legen.

3 Liter Wasser, Bouquet garni und Pfefferkörner zufügen. Zum Kochen bringen, dabei den Schaum von der Oberfläche abschöpfen. Abgedeckt 4 Stunden köcheln lassen.

Ein Sieb mit Käseleinen auslegen und die Brühe durchgießen. Es sollten etwa 2 Liter sein. Abkühlen lassen, dann über Nacht in den Kühlschrank stellen.

Am nächsten Tag das Fett von der Oberfläche abnehmen. Die gelierte Brühe in einen Topf füllen. Hafer und Rindfleisch zufügen. Zum Kochen bringen, dann 1 Stunde köcheln. Karotten, Mairübchen und Porree zufügen und weitere 15 Minuten garen.

Mit etwas Salz abschmecken und die Petersilie einrühren. In vorgewärmte Suppenschalen füllen und sofort servieren.

Ramen mit Pak Choi & Tofu

Pro Portion: 359 kcal 12,3 g Fett 2,6 g ges. Fetts. 17,4 g Eiweiß 50,6 g Kohlenhydrate 5,3 g Ballaststoffe

Diese einfache, aromatische Suppe ergibt eine sättigende vegetarische Mahlzeit. Das Grillen von Pak Choi und Tofu verleiht ihr ein interessantes Raucharoma.

Für 4 Personen

- 350 g sehr fester Tofu, in 2 cm dicke Scheiben geschnitten
- 15 g getrocknete Shiitake-Pilze
- 1,5 l Gemüsebrühe
- 5 EL Sojasauce
- 1 EL Sake, ersatzweise trockener Weißwein
- 10-cm-Stück Ingwer, in Scheiben geschnitten
- 4 EL Reisessig
- 4 TL Sesamöl
- 350 g Pak Choi, längs halbiert oder geviertelt
- 1 EL klarer Honig
- 225 g frische Shiitake-Pilze
- 350 g Ramen-Nudeln
- 4 Frühlingszwiebeln, in dünne Ringe geschnitten

So wird's gemacht

Ein Backblech mit einem sauberen Geschirrtuch auslegen und die Tofuscheiben nebeneinander darauf verteilen. Mit einem zweiten sauberen Geschirrtuch abdecken. Ein zweites Backblech darauflegen und mit einem Gegenstand beschweren, um möglichst viel Flüssigkeit aus dem Tofu zu pressen. 30 Minuten ziehen lassen.

Inzwischen die Pilze 30 Minuten in heißem Wasser einweichen. Abtropfen lassen, das Einweichwasser auffangen und die Pilze in Streifen schneiden.

Brühe, 4 Esslöffel Sojasauce, Sake, Pilzwasser, Ingwer, 1 Esslöffel Essig und 1 Teelöffel Sesamöl in einem mittelgroßen Topf vermischen. Bei mittlerer Hitze zum Kochen bringen. Die Hitze reduzieren und 15 Minuten köcheln. Vom Herd nehmen und die Ingwerscheiben entfernen. Die eingeweichten Pilze zufügen und 15 Minuten weiterköcheln, bis die Pilze weich sind.

Den Backofengrill vorheizen. Den Pak Choi in eine mikrowellengeeignete Schüssel legen, abdecken und in der Mikrowelle auf höchster Stufe 3 Minuten garen. Restlichen Essig, restliche Sojasauce, Honig und restliches Sesamöl in einer großen Schüssel mit dem Schneebesen verrühren. Den Tofu von allen Seiten mit der Sauce bestreichen, dann Pak Choi und frische Pilze in die Schüssel geben und alles gut mischen. Tofu und Gemüse auf einen Rost legen und von jeder Seite 2 Minuten grillen, bis sich Grillstreifen zeigen und die Zutaten gar sind. Mit eventuell verbliebener Sauce bestreichen. Den Tofu in 5 cm breite Streifen schneiden.

Die Suppe erneut aufkochen. Die Nudeln hineingeben und etwa 3 Minuten mitkochen, bis sie weich sind. Die Frühlingszwiebeln einrühren. Mit Tofu, Pilzen und Gemüse anrichten und sofort servieren.

Scharfsaure Lachssuppe

Pro Portion: 192 kcal 11,2 g Fett 2,8 g ges. Fetts. 15 g Eiweiß 9,8 g Kohlenhydrate 1,6 g Ballaststoffe

Scharfsaure Suppe ist ein Klassiker auf der Speisekarte von Chinarestaurants. Dies ist eine raffinierte Variante mit Lachs.

Für 4 Personen

- 225 g Lachsfilet ohne Haut, in 2 oder 3 Stücke geschnitten
- 2 TL Sesamöl
- 1 l Hühner- oder Gemüsebrühe
- 25 g frischer Koriander, Blätter und Stiele getrennt
- 2 frische Vogelaugenchilis, längs halbiert
- 1 Stängel Zitronengras, grob gehackt
- 225 g braune Champignons, geviertelt
- 2 EL Nam Pla (thailändische Fischsauce)
- 100 g Zuckererbsen, schräg in Stücke geschnitten
- 4 Frühlingszwiebeln, in dünnen Ringen
- fein abgeriebene Schale und Saft von 2 Bio-Limetten

So wird's gemacht

Den Backofengrill vorheizen. Den Lachs auf einen mit Alufolie ausgelegten Grillrost legen und mit dem Sesamöl bestreichen. 3–4 Minuten grillen, bis der Fisch soeben gar ist. In mundgerechte Stücke zerteilen und beiseitestellen.

Brühe, Korianderstiele, Chilis und Zitronengras in einem großen Topf aufkochen, dann mit aufliegendem Deckel bei reduzierter Hitze 5 Minuten kochen. In eine Schüssel sieben, die Gewürze wegwerfen und die Brühe zurück in den ausgespülten Topf gießen.

Pilze und Nam Pla unterrühren, dann mit aufliegendem Deckel 3 Minuten köcheln. Unterdessen die Hälfte der Korianderblätter hacken.

Zuckererbsen, Frühlingszwiebeln, gehackte Korianderblätter, Lachs und Limettenschale in der Brühe erhitzen. Mit Limettensaft abschmecken. Die Suppe auf vorgewärmte Suppenschalen verteilen, mit den ganzen Korianderblättern bestreut sofort servieren.

Lachs ist kein Luxus

Die Fischöle im Lachs beugen Falten und trockenen Augen vor und können Ekzeme lindern. Sie sind wirksam gegen Gelenkschmerzen und Arthritis, können das Krebsrisiko verringern und vor Schlaganfällen schützen.

Karibische Truthahnsuppe

Pro Portion: 239 kcal 6,4 g Fett 1,2 g ges. Fetts. 22,5 g Eiweiß 23,9 g Kohlenhydrate 4,7 g Ballaststoffe

Sie können für diese Suppe die traditionelle Jerk-Gewürzmischung verwenden oder auf Gewürze aus dem Bestand zurückgreifen. Frische Tomaten und magere Putenbrust steuern Vitamine und Proteine bei; die Bohnen halten lange satt.

Für 4 Personen

- 1 EL Olivenöl
- 1 Zwiebel, fein gehackt
- 2 Knoblauchzehen, fein gehackt
- 1 TL frisch geriebener Ingwer
- ¼ TL frisch geriebene Muskatnuss
- ½ TL gemahlener Piment
- ½ TL rote Chiliflocken
- 2 TL gemahlener Kreuzkümmel
- 2 TL frische Thymianblätter
- 450 g Tomaten, gehäutet und grob gehackt
- 600 ml Geflügelbrühe
- 1 EL Tomatenmark
- 1 EL dunkelbrauner Zucker
- 400 g Augenbohnen aus der Dose, abgetropft
- 280 g Putenbrustfilet in Scheiben
- 2 EL frisch gehackter Koriander
- Salz und Pfeffer

So wird's gemacht

Das Öl in einem Topf bei mittlerer Temperatur erhitzen. Die Zwiebel darin unter Rühren 5 Minuten hell bräunen. Mit Knoblauch und Ingwer bestreuen, dann Muskatnuss, Piment, Chiliflocken und Kreuzkümmel sowie Thymian und Tomaten zufügen. Gut umrühren.

Die Brühe zugießen. Tomatenmark, Zucker, Bohnen und Fleisch zugeben und zum Kochen bringen. Abgedeckt 30 Minuten köcheln, bis das Fleisch gar ist. Das Fleisch aus dem Topf auf einen Teller heben und mit zwei Gabeln in mundgerechte Stücke reißen.

Den Koriander in die Suppe rühren. Mit Salz und Pfeffer abschmecken. In vorgewärmte Suppenschalen füllen, das Fleisch darauf anrichten und sofort servieren.

Krebsschutz

Die wichtigsten aktiven Inhaltsstoffe von Ingwer sind Terpene und Gingerol. Beide können nachweislich Dickdarm-, Enddarm- und Eierstockkrebszellen zerstören.

Vegetarische Gulaschsuppe

Pro Portion: 137 kcal 6 g Fett 1,3 g ges. Fetts. 3,3 g Eiweiß 20,7 g Kohlenhydrate 5,2 g Ballaststoffe

Bei der Auswahl der Gemüsearten für diese Suppe haben Sie freie Hand. Nehmen Sie, was Ihnen schmeckt oder was gerade Saison hat.

Für 6 Personen

- 2 EL Olivenöl
- 1 große Zwiebel, gehackt
- 2 Knoblauchzehen, fein gehackt
- 3–4 Karotten, in dünne Scheiben geschnitten
- ½ Wirsing, in Streifen geschnitten
- 1 kleine rote Paprika, gehackt
- 1 EL Mehl
- 2 EL edelsüßes Paprikapulver
- 1 l Gemüsebrühe
- 2 Kartoffeln, in mundgerechte Stücke geschnitten
- Salz und Pfeffer
- 1–2 TL Zucker (nach Belieben)

So wird's gemacht

Das Öl in einem Topf erhitzen. Zwiebel, Knoblauch und Karotten darin bei schwacher Hitze unter gelegentlichem Rühren 8–10 Minuten leicht anbräunen. Wirsing und Paprika zugeben und unter häufigem Rühren 3–4 Minuten dünsten.

Mehl und Paprikapulver einstreuen und unter Rühren 1 Minute anschwitzen. Nach und nach die Gemüsebrühe zugießen und bei mittlerer Hitze unter Rühren aufkochen. Die Hitze reduzieren und die Suppe mit aufliegendem Deckel etwa 30 Minuten köcheln.

Die Kartoffeln zugeben und aufkochen. Die Hitze reduzieren und die Suppe mit aufliegendem Deckel noch 20–30 Minuten köcheln, bis die Kartoffeln gar sind, aber noch nicht zerfallen.

Mit Salz und Pfeffer sowie nach Geschmack mit Zucker abschmecken. In vorgewärmten Schalen servieren.

Paprika-Power

Paprika in allen Farben ist reich an Vitamin A, C und K, aber rote Paprika übertrifft alle anderen. Vitamin A und C sind Antioxidantien, die Zellschäden vorbeugen und vor altersbedingten Erkrankungen und Krebs schützen. Sie stärken das Immunsystem und wirken entzündungshemmend, z. B. bei Arthritis und Asthma.

Suppe mit gegrillter Aubergine, Lamm & Granatapfel

Pro Portion: 318 kcal 14,4 g Fett 4,9 g ges. Fetts. 22 g Eiweiß 31,1 g Kohlenhydrate 9,8 g Ballaststoffe

Es ist ein Genuss, sich durch die Schichten vorzuarbeiten: zuerst fruchtiger Granatapfel mit Minze, dann rauchige Aubergine und eine Schicht Spinat – und alles in einer knoblauchwürzigen Lammbrühe.

Für 4 Personen

- 1 EL Olivenöl
- 550 g Vorderhaxe vom Lamm mit Knochen
- 1 Zwiebel, fein gehackt
- 2 Knoblauchzehen, fein gehackt
- 350 g Tomaten, gehäutet und grob gehackt
- 1 TL gemahlener Kreuzkümmel
- 1 TL gemahlener Koriander
- ½ TL Kurkuma
- 850 ml Lammbrühe
- 55 g Weizenkörner
- 600 g Auberginen
- Saft von ½ Zitrone
- 200 g junger Spinat, abgespült und abgetropft
- 2 EL frisch gehackte Minze
- 50 g Granatapfelkerne
- Salz und Pfeffer

So wird's gemacht

Das Öl in einem Topf erhitzen. Lammhaxe und Zwiebel darin bei mittlerer Temperatur 5 Minuten braten. Das Fleisch häufiger wenden und die Zwiebel umrühren, um sie gleichmäßig hell zu bräunen.

Knoblauch und Tomaten zugeben, mit Kreuzkümmel, Koriander und Kurkuma bestreuen. Die Brühe zugießen und zum Kochen bringen. Die Temperatur reduzieren und mit aufliegendem Deckel 1 Stunde köcheln. Die Weizenkörner zufügen und weitere 30 Minuten garen, bis der Weizen gar ist und das Fleisch sich leicht vom Knochen lösen lässt.

Inzwischen den Grill stark vorheizen und einen Bräter mit Alufolie auslegen. Die Auberginen am dicken Ende zwei- oder dreimal einstechen, in den Bräter legen und 20–25 Minuten grillen, bis die Haut rundherum schwarz ist. Gelegentlich wenden.

Die Haxe aus der Suppe auf ein Schneidebrett heben. Das Fleisch mit zwei Gabeln ablösen und zerkleinern, Knochen und Fett entsorgen. Warm halten. Die Suppe mit Zitronensaft, Salz und Pfeffer abschmecken.

Den Spinat nur mit dem anhaftenden Wasser in einer großen Pfanne bei mittlerer Temperatur 2 Minuten dünsten, bis er zusammenfällt. Die schwarze Haut von den Auberginen abziehen und entsorgen, das Innere grob würfeln.

Das Fleisch auf vier hitzebeständige Gläser verteilen. Mit Suppe auffüllen,dann Spinat, Auberginen, Minze und Granatapfelkerne daraufschichten. Sofort servieren.

Französische Zwiebelsuppe

Pro Portion: 433 kcal 25,8 g Fett 11,9 g ges. Fetts. 19,9 g Eiweiß 31 g Kohlenhydrate 2,7 g Ballaststoffe

Diesen Klassiker kennt jeder. Aber haben Sie schon einmal probiert, kurz vor dem Servieren einen Schuss Cognac in die Suppe zu geben? Raffiniert!

Für 6 Personen

* 3 EL Olivenöl
* 675 g Zwiebeln, in dünne Ringe geschnitten
* 4 Knoblauchzehen, 3 davon fein gehackt, 1 halbiert
* 1 TL Zucker
* 2 TL frisch gehackter Thymian, plus einige Zweige zum Garnieren
* 2 EL Mehl
* 125 ml trockener Weißwein
* 2 l Gemüsebrühe
* 6 Scheiben Baguette
* 300 g Gruyère, gerieben

So wird's gemacht

Das Öl in einem großen Topf bei mittlerer Temperatur erhitzen und die Zwiebeln darin unter gelegentlichem Rühren dünsten, bis sie gerade zu bräunen beginnen. Gehackten Knoblauch, Zucker und Thymian einrühren, die Temperatur reduzieren und unter gelegentlichem Rühren etwa 30 Minuten dünsten, bis die Zwiebeln goldbraun sind.

Das Mehl über die Zwiebeln streuen und unter ständigem Rühren 1–2 Minuten anschwitzen. Den Wein zugießen. Nach und nach die Brühe einrühren und das Ganze aufkochen. Die Temperatur reduzieren und 45 Minuten köcheln.

In der Zwischenzeit den Backofengrill vorheizen. Das Brot von beiden Seiten unter dem Grill rösten, dann mit den Knoblauchhälften einreiben.

Die Suppe auf sechs ofenfeste Suppenschalen verteilen und diese auf ein Backblech stellen. Jede Portion mit einer Brotscheibe belegen und den Käse darauf verteilen. 2–3 Minuten grillen, bis der Käse zerläuft. Mit Thymianzweigen garniert sofort servieren.

Eine Prise Thymian

Die immergrünen Blätter des Thymian haben einen intensiven Geschmack. Sie enthalten konzentrierte ätherische Öle und andere Anioxidantien, darunter das Öl Thymol, das die positive Wirkung von Omega-3-Fettsäuren verstärkt. Diese sind nachweislich förderlich für die Gehirnfunktion.

Safran-Bouillon mit Garnelen

Pro Portion: 61 kcal 0,7 g Fett 0,1 g ges. Fetts. 6,3 g Eiweiß 7,6 g Kohlenhydrate 0,4 g Ballaststoffe

Es ist gar nicht schwer, einen guten Fischfond selbst zu kochen. Bitten Sie am Tag vorher den Fischhändler, Ihnen einige Gräten, Bruch und Verschnitt zur Seite zu legen. Vielleicht überlässt er sie Ihnen sogar umsonst.

Für 4 Personen

* 200 g rohe Riesengarnelen, ungeschält, mit Köpfen und Schwänzen
* 1 kg Fischbruch, Gräten und Köpfe
* 1 Zwiebel, grob gehackt
* 115 g Karotten, in Scheiben geschnitten
* 250 g Fenchel, gehackt
* 3 Tomaten, grob gehackt
* abgeriebene Schale und Saft von 1 Bio-Zitrone
* 150 ml trockener Weißwein
* 2 große Prisen Safranfäden
* ½ TL weiße Pfefferkörner, grob zerstoßen
* Salz
* 1 Tomate, entkernt und fein gewürfelt, zum Garnieren

So wird's gemacht

Köpfe und Schwänze der Garnelen entfernen und beiseitelegen. Die Garnelen schälen und entdarmen. Die Schalen ebenfalls beiseitelegen, die Darmfäden entsorgen. Das Garnelenfleisch in den Kühlschrank stellen. Fischbruch, Gräten, Köpfe und die Abfälle von den Garnelen in einen großen Topf geben.

Zwiebel, Karotten, Fenchel, Tomaten und Zitronenschale zufügen. Den Wein und 1 Liter Wasser zugießen, dann eine Prise Safran und die Pfefferkörner einstreuen.

Alles zum Kochen bringen, dann die Brühe mit aufliegendem Deckel 30 Minuten köcheln. Die Brühe durch ein feines Sieb in einen Messbecher gießen. Es sollten etwa 1,2 Liter sein. Die Brühe in einen sauberen Topf gießen. Falls es noch zu viel ist, die Flüssigkeit einige Minuten länger einkochen.

Das Garnelenfleisch und den restlichen Safran in die Brühe geben. 2–3 Minuten köcheln, bis die Garnelen rosa sind. Die Suppe durchrühren und mit Zitronensaft und Salz abschmecken.

Die Suppe in vorgewärmte Schalen füllen, mit Tomatenwürfeln garnieren und sofort servieren.

Fischsuppe mit Miso

Pro Portion: 136 kcal 3,1 g Fett 1,3 g ges. Fetts. 11,1 g Eiweiß 17,6 g Kohlenhydrate 2,4 g Ballaststoffe

Die duftende Suppe eignet sich als leichtes Mittagessen oder als Vorspeise.

Für 4 Personen

- 850 ml Fischfond oder Gemüsebrühe
- 1 EL frisch geriebener Ingwer
- 1 EL Nam Pla (thailändische Fischsauce
- 1 frischer Chili, entkernt und gehackt
- 1 Karotte, in feinen Scheiben
- 50 g Daikon (japanischer Rettich), in feine Streifen geschnitten
- 1 gelbe Paprika, in feine Streifen geschnitten
- 85 g Shiitake-Pilze, in Scheiben geschnitten
- 40 g Eierfadennudeln
- 225 g Seezungenfilet, gehäutet und in Streifen
- 1 EL Miso-Paste
- 4 Frühlingszwiebeln, in feine Streifen geschnitten, zum Garnieren

So wird's gemacht

Fond oder Brühe in einem großen Topf mit Ingwer, Nam Pla und Chili aufkochen, dann die Hitze reduzieren und 5 Minuten köcheln.

Karotte, Daikon, Paprika, Pilze und Nudeln zugeben und weitere 3 Minuten kochen.

Die Fischstreifen und die Miso-Paste zufügen und 2 Minuten köcheln, bis der Fisch gar ist. Die Suppe auf vier Suppenschalen verteilen, mit den Frühlingszwiebeln garnieren und heiß servieren.

Mit Ingwer auf Reisen

Ingwer hat sich als Mittel gegen See- und Reisekrankheit bewährt und hat im Gegensatz zu vielen Medikamenten keine Nebenwirkungen. Außerdem unterstützt er die Verdauung und lindert arthritische Schmerzen.

Register